Dr. Michael Lohmann

ALPENBLUMEN

Bestimmen auf einen Blick
mit Faltplan

BLV

Die Deutsche Bibliothek –
CIP-Einheitsaufnahme

Alpenblumen / Michael Lohmann. –
München; Wien; Zürich: BLV, 1993
(Bestimmen auf einen Blick)
ISBN 3-405-14354-3
NE: Lohmann, Michael

Unter Mitarbeit von
Eva Wagner

Bestimmungsplan:
Idee, Konzeption und Ausführung
Wilhelm Eisenreich

Grafiken: Folke Lindenblatt

Einbandentwurf:
Studio Schübel, München

Foto auf dem Umschlag:
Eisenbeiss (Schwefel-Anemone)

BLV Verlagsgesellschaft mbH
München Wien Zürich

8000 München 40

Lektorat: Dr. Friedrich Kögel
Herstellung: Ernst Großkopf

Satz und Druck: Appl, Wemding
Bindung: Bückers, Anzing

Printed in Germany
ISBN 3-405-14354-3

Inhalt

Zur Benutzung des Buches

Bestimmungsbücher gibt es viele. Die einen sind nach der Blütenfarbe sortiert, die anderen nach Lebensräumen, wieder andere nach verwandtschaftlichen (systematischen) Zusammenhängen. Außerdem gibt es neben den Bestimmungsbüchern mit Bildern noch die sogenannten Bestimmungsschlüssel (für Fortgeschrittene), mit denen man in vielen Ja-Nein-Entscheidungen stufenweise der zu bestimmenden Art näherkommt. Alle diese Methoden haben ihre Vor- und Nachteile.

Für den Laien sind äußere Ähnlichkeiten – vielfach unabhängig von Familienzugehörigkeit – das wohl wichtigste Kriterium. Die Blütenfarbe spielt dabei eine wichtige, aber nicht allein ausschlaggebende Rolle. Andererseits beruhen die verwandtschaftlichen Zusammenhänge zumindest in vielen Fällen ebenfalls auf äußeren Ähnlichkeiten. Wir haben darum die Reihenfolge der Artbeschreibungen systematisch (verwandtschaftlich) geordnet, fügen jedoch einen Faltplan bei, auf dem die Abbildungen der Blumen noch einmal unabhängig von der Familienzugehörigkeit nach »naiver« Ähnlichkeit zusammengestellt sind.

Auswahl und Reihenfolge der Arten

Die Gruppe der Samenpflanzen, zu denen alle hier behandelten Arten gehören, wird in zwei große Untergruppen gegliedert: Die Zweikeimblättrigen mit meist netzadrigen, breiteren, oft stark gegliederten Blättern und Blüten mit oft vier- oder fünfzähligen Blütenorganen (Kelch-, Kron-, Staub- und Fruchtblätter). Die Einkeimblättrigen mit schmalen (gras- oder lilienartigen), überwiegend paralleladrigen Blättern und fast stets dreizähligen Blüten. Zur ersten Gruppe gehören die meisten »Blumen« und Laubgehölze, zur zweiten alle Gräser, Lilien, Orchideen u.a.

Innerhalb dieser beiden großen Gruppen (wir beginnen mit der ersten und enden mit der zweiten) werden die Blütenpflanzen Familien zugeordnet, die wir in der Reihenfolge nach W. Rothmaler, Exkursionsflora von Deutschland, aufführen. Manche dieser Pflanzenfamilien sind in Mitteleuropa (und in den Alpen) mit vielen Arten vertreten (z.B. Süßgräser mit 270 Arten, Korbblütler mit über 330 Arten), manche mit nur einer Art oder ganz wenigen Arten. Einige der großen Familien sind relativ leicht zu erkennen, so die Korbblütler oder die Doldengewächse. Schon bei den Lippenblütlern gibt es aber Verwechslungsmöglichkeiten mit Rachenblütlern und anderen Blumen mit zweiseitig symmetrischen Blüten.

Je mehr man sich mit Pflanzen beschäftigt, desto mehr wird man aber auch andere Merkmale beachten und erkennen, etwa die für viele Doldengewächse typischen fein gegliederten Blätter, ihren aromatischen Duft, ihre Früchte, oder die für die Rauhblattgewächse typischen rauh behaarten Blätter und die bei dieser Familie in »Wickeln« angeordneten Blüten.

In den Alpen sind zwar viele, aber nicht alle der in Mitteleuropa heimischen Pflanzenfamilien vertreten. Neben Arten, die überall an geeigneten Standorten, also auch in den Alpen(-tälern) vorkommen, gibt es eine ziemlich große Zahl charakteristischer Alpenpflanzen, die man entweder nur hier (und in Skandinavien) oder aber nur in europäischen Gebirgen (Pyrenäen, Karpaten, Apennin) findet. Bei der nötigen Beschränkung auf etwa 200 abzubildende Arten haben wir versucht, von allen wichtigen Gruppen wenigstens einen Vertreter zu bringen – wobei besonders schönen und auffälligen Blumen der Vorrang eingeräumt wurde. Im Text wird dann auf die wichtigsten nah verwandten (und ähnlichen) Arten hingewiesen.

Geographisch haben wir uns außerdem vor allem auf den deutschsprachigen Alpenanteil beschränkt, so daß Arten, die hauptsächlich in den französischen und italienischen Alpen vorkommen, nur in Ausnahmefällen aufgenommen wurden – etwa bei besonders auffälligen Arten wie Affodill und Pfingstrose. Ganz verzichtet haben wir auf größere Gehölze, auf Gräser sowie auf Nicht-Samenpflanzen (also Pilze, Flechten, Moose, Farne und Schachtelhalme).

Die Benutzung des Bestimmungsplans

Das Neue an unserem Bestimmungsbuch ist der in der hinteren Umschlagtasche steckende Faltplan. Hier sind Ausschnitte der Pflanzenfotos des Hauptteils nach der augenfälligen Ähnlichkeit, vor allem der Blüten, zusammengestellt – unabhängig von allen verwandtschaftlich-systematischen oder sonstigen Zusammenhängen.

Die Blütenfarbe fällt uns im allgemeinen besonders auf. Darum haben wir die Bildchen des Bestimmungsplans zunächst einmal nach der Farbe sortiert. Innerhalb aller gelben oder blauen Blüten gibt es aber leicht erkennbare Unterschiede in den Blütenformen: Da sind sternförmige (radiäre) Blüten, vier- oder fünfzählige oder die vielzähligen der Korbblütler, oder Glockenformen, oder die komplizierter gebauten »Schlundblüten« der Rachenblütler, Lippenblütler und Schmetterlingsblütler, oder die kunstvollen Gebilde der sechszähligen Orchideenblüten. Ohne mit der Lupe die Staubblätter zählen zu müssen, wird man hier schnell zumindest das »Feld« finden, zu dem die zu bestimmende Blume gehört. Die Verweise unter den Fotos nennen die Namen der Arten und die Seitenzahlen der entsprechenden Beschreibungen im Buch.

Oft wird es aber auch gleich auf Anhieb gelingen, die gesuchte Art im Bestimmungsplan zu finden. Wir empfehlen Ihnen aber sehr, sich damit nicht zufriedenzugeben, sondern im Hauptteil die ganze Abbildung und den Text zu konsultieren. Zwei Gründe lassen dies geraten erscheinen: Zum einen gibt es oft viele sehr ähnliche Arten, die wir nicht abbilden konnten, auf die aber im Text hingewiesen wird. Außerdem sollten Sie sich grundsätzlich nicht mit dem bloßen Namen zufriedengeben; jede Art (Sippe) hat ihre »Geschichte«, ihre Familienzugehörigkeit, ihre bevorzugten Standorte, ihre Herkunft und Verbreitung, ihre Heilwirkung und vieles mehr. Wenn wir auch immer nur einen kleinen Teil dieser »Sippengeschichte« bringen können, so mag das für Sie doch ein Anreiz sein, sich intensiver damit zu befassen. Benutzen Sie also die Seitenverweise bei den in Frage kommenden Abbildungen.

Übrigens: Da bei Bergwanderungen jedes zusätzliche Gewicht auf dem

Buckel gern vermieden wird, haben viele Benutzer unserer Bestimmungsbücher die Möglichkeit entdeckt, nur den Bestimmungsplan im Rucksack mitzunehmen – und dann zu Hause genauer nachzuschlagen.

Die Alpen

Die Alpen sind ein vergleichsweise junges und – global gesehen – auch nicht besonders großes Gebirge. Immerhin erstrecken sie sich etwa 1100 km in ost-westlicher Richtung und sind 150–250 km breit. Das ergibt rund 220000 Quadratkilometer, also fast die Fläche Großbritanniens.

In seinem gesamten Umriß gleicht das Gebirge einem dickbäuchigen Fisch mit untergeschlagenem Schwanz, dessen Kopf nach Wien gerichtet ist, während der Schwanz als Küstengebirge der französisch-italienischen Riviera ausläuft (und sich bei Genua in den Apennin fortsetzt).

Die äußersten Ostalpen stellen den Kopf des Fisches dar: die Salzburger und die fast bis Wien reichenden Österreichischen Kalkalpen im Norden, die Niederen Tauern und Eisenerzer Alpen in der Mitte sowie die Norischen/Gurktaler und Cetischen Alpen im Süden mit den nach Slowenien hineinreichenden Karawanken.

Am Alpensüdrand schließen westlich an die Karawanken die Karnisch-Julischen Alpen sowie die Venetianer und Vicentiner Alpen an, die mit den Adamello-Alpen im Bereich des Gardasees am weitesten nach Süden schwingen und dadurch den dicken Bauch des Fisches bil-

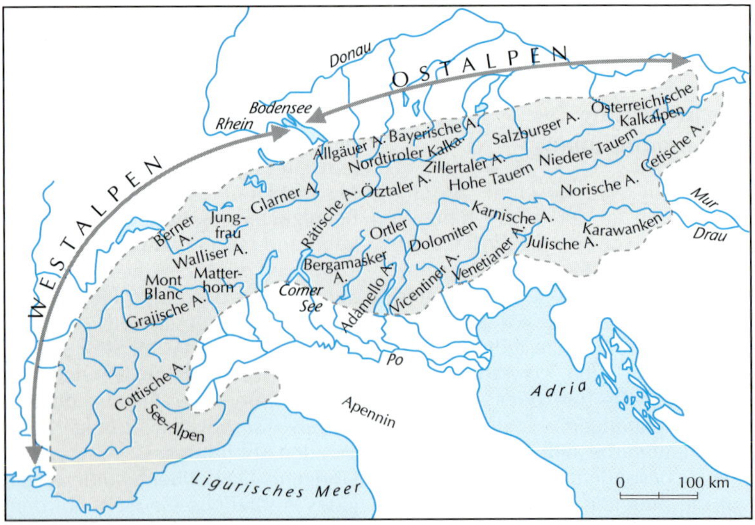

Karte der Alpen mit den Namen der für die Verbreitung der Alpenblumen wichtigsten Gebirgsstöcke und Bergketten.

den. Noch weiter westlich beschreiben die Bergamasker und Lepontinischen Alpen nördlich Mailands einen Gegenbogen, der dann mit den Grajisch-Cottischen Alpen bei Turin nach Süden umbiegt und schließlich mit den See-Alpen bei Nizza entlang der Ligurischen Küste in nordöstlicher Richtung ausläuft.

Der Rücken des Fisches wird durch die nördlichen Alpenketten gebildet: die Nordtiroler und Bayerischen Kalkalpen, die Allgäuer Alpen, die Glarner, Berner und Savoyer Alpen. Den Leib des Fisches füllen die Zentralalpen: die Rätischen Alpen in der Schweiz, die Ötztaler und Ortler Alpen, die Zillertaler Alpen die Dolomiten und die Hohen Tauern.

Mit ihrem Gewirr von Bergketten und -stöcken unterschiedlichen Gesteins, mit ihren unzähligen Längs- und Quertälern gehören die Alpen zu den geologisch besonders kompliziert aufgebauten Gebirgen. Insgesamt steigen sie von Osten nach Westen an und erreichen mit den Schweizer Viertausendern ihre größten Höhen (Montblanc 4810 m).

Nach ihrem geologischen Aufbau unterscheidet man die West- von den Ostalpen mit einer Trennungslinie, die zwischen Bodensee und Comer See verläuft. Die Ostalpen sind nicht nur niedriger, sondern auch breiter als die Westalpen. Sehr klar kommt hier eine Gliederung in nördliche und südliche Kalkketten und ein zentrales Silikatgebirge zum Ausdruck. Der Nordrand der Ostalpen besitzt mit den niedrigeren Erhebungen der Molasse- und Flyschzone ein sekundär entstandenes Vorgebirge, das unmittelbar an die Nördlichen Kalkalpen anschließt. Diese Vorberge erheben sich kaum mehr als 1000 m über das Alpenvorland, während die Höhen der Nordtiroler und Berchtesgadener Kalkalpen sie noch einmal um 1000 bis 2000 m überragen (Zugspitze 2963 m).

Die zentrale Zone der Ostalpen besteht aus Silikatgestein und erreicht in den Hohen Tauern ihre höchsten Erhebungen (Großglockner 3798 m). Von hier fällt das Bergland über die Norischen Alpen nach Osten und über die Zillertaler, Ötztaler und Rätischen Alpen nach Westen ab.

Der Südteil der Ostalpen (mit Bergamasker Alpen, Brentagruppe, Dolomiten, Venetianer und Karnischen Alpen bis zu den Karawanken) besteht wieder überwiegend aus Kalkformationen, man findet da und dort aber auch Vulkangesteine, die während der Gebirgsbildung aus dem Erdinnern empordrangen. Dies wirkt sich auch auf die interessante Flora des österreichisch-slowenischen Grenzgebietes aus, zumal hier auch verschiedene Pflanzenarten auf unvereisten Inseln die letzte Eiszeit überdauern konnten, die man anderswo nicht findet.

Die Westalpen sind schmäler und im Aufbau geschlossener als die Ostalpen; sie sind deutlicher in einzelne Massive gegliedert, höher und entsprechend heute noch stärker vergletschert. Zu den höchsten Bergstöcken gehören das Montblanc-Massiv (4810 m), die Walliser (Penninischen) Alpen mit dem Matterhorn (4476 m) sowie die Berner Alpen mit der Jungfrau (4158 m). Die Westalpen gehören zum überwiegenden Teil dem französisch-italienischen Sprachraum an. Die spezifische Flora dieser Gebiete wurde im Buch nur in besonderen Fällen berücksichtigt (vgl. S. 7). Deshalb erübrigt sich hier auch eine ähnlich ausführliche Beschreibung der verschiedenen Gebirgszüge, wie es für die Ostalpen geschehen ist.

Gletscher, von denen heute nur noch Reste zu finden sind, prägten das Gesicht der Alpen.

Entstehung und Veränderung der Alpen

In der rund 3000 Millionen Jahre alten Erdgeschichte entstanden die Alpen erst in der Erdneuzeit, etwa vor 30–70 Millionen Jahren. Als Faltengebirge verdanken sie ihre Entstehung nicht vulkanischer Tätigkeit, sondern der Kontinentalverschiebung. Wie man weiß, schwimmen die großen Kontinentalplatten wie Schollen auf dem flüssigen Magma des Erdinneren. Die Alpen und andere europäische Gebirge, wie die Pyrenäen und Karpaten, stellen eine Art Knautschzone dar, die beim Zusammenstoß zwischen afrikanischer und europäischer Kontinentalplatte entstand. Dabei wurden z. B. versteinerte Meeresablagerungen mehrere tausend Meter hochgehoben und oft weiter als 100 km verschoben. Zugspitze und Watzmann etwa stammen aus einem Gebiet, das dem heutigen Südalpenrand entspricht. Insgesamt stauchte der afrikanische Druck den europäischen Kontinent im Bereich der Alpen um etwa 250 km nach Norden.

Das alles vollzog sich recht gemächlich: 30–40 Millionen Jahre sind auch für so gewaltige Bewegungen eine lange Zeit. Die Stauchbewegung (Faltung) kam schon vor etwa 30 Millionen Jahren zur Ruhe. Die Hebung dauert aber auch heute noch an. Stellenweise beträgt sie 2 mm im Jahr. Das merkt niemand, und doch würde sich diese Bewegung im Verlauf von nur 1 Million Jahre – also einer erdgeschichtlich recht kurzen Zeitspanne – als eine Anhebung von immerhin 2000 m auswirken. Dieses Rechenbeispiel macht deutlich, daß die Alpenregion noch immer zu den geologisch eher unruhigen Gebieten der Erde zu zählen ist.

Den riesigen Kräften der Auffaltung wirkt die sanfte Gewalt der Erosion entgegen. Vor allem der stete Tropfen ist es, der auch hier den Stein höhlt. Der über Gebirgen stets reichlich niedergehende Regen und Schnee vereinigt sich zu Rinnsalen, bald zu reißenden Wildbächen und gewaltigen Bergflüssen. Das fließende Wasser gräbt sich ein, schafft Schluchten und Talrinnen, ein ganzes System von Längs- und Quertälern. Gewaltige Mengen von Gesteinsschutt werden dabei mittransportiert, in Tälern und im Vorland abgelagert.
Eine zweite sanfte Gewalt, die zur Abtragung der stolzen Höhen beiträgt, ist die Verwitterung, insbesondere durch Temperaturschwankungen. Frost sprengt das Gestein, läßt riesige Felsen abstürzen und zerlegt so manches Mineral bis in seine kleinsten Bestandteile. Sand und Ton entstehen, werden vom Wasser weggespült, anderswo wieder angehäuft.
In der Endphase der Alpenfaltung entstanden aus den Ablagerungen neue Berge im nördlichen Alpenvorland: weiche Flyschberge aus Sand, Ton, Mergel, Schiefer, härtere Molasseberge aus verbackenem Kies und Sand. Die schroffen Kämme der Allgäuer Nagelfluhkette sind ein weithin sichtbares Zeichen eines solchen Gebirges aus Gebirgsschutt.

Eisige Zeiten

Auch die Gletscher haben sich an der Gestaltung der Alpen beteiligt, allerdings erst in »jüngster« Zeit. Denn zunächst herrschte noch ein tropisches Klima in den Alpen. Eine reiche Pflanzenwelt mit Sumpfzypressen und Mammutbäumen kletterte die Hänge und steilen Flanken

Wildbäche, gespeist von hohen Niederschlägen, spiele eine wichtige Rolle bei der Abtragung.

weit hinauf. Tiere und Pflanzen lebten hier, wie man sie heute in Ostasien und Nordamerika noch in Resten findet.
Erst zum Ende der Alpenfaltung, vor etwa 30 Millionen Jahren, kühlte sich das Klima stark ab. Die Niederschläge fielen fast nur noch als Schnee, der in den kurzen Sommern kaum noch abtaute. Unvorstellbare Schneemengen sammelten sich an und verwandelten sich unter ihrem eigenen Gewicht zu Eispanzern bis 2000 m Dicke. Täler und niedrigere Gipfel wurden zugedeckt. Ein riesiger, flacher Eispudding verhüllte das Gebirge, nur die höchsten Spitzen der Zentralalpen (z. B. das Matterhorn) ragten hervor.
Unter seinem Gewicht begann das Eis zu kriechen. Zuerst die Täler hinunter, dann aber auch über ganze Berge. Ein riesiger Erdhobel in Zeitlupe. Vor sich her, mit sich, auf sich schoben die Gletscher Berge von Schutt aus den Alpen. Wieder entstanden neue Formen: tief ausgeschürfte Trogtäler und Seebecken sowie vorne und seitlich aufgeschobene Schuttberge (Moränen).
Eisfrei blieben in den mehrfach wiederkehrenden Eiszeiten nur kleinere Gebiete am Süd- und Ostalpenrand und große Teile der Südwestalpen. Hier findet man heute noch besonders viele Pflanzenarten aus der Voreiszeit (Relikt-Endemiten). Vor etwa 20000 Jahren erreichte die letzte Vereisung ihren Höhepunkt. Mit den zurückweichenden Eismassen traten auch die ersten Menschen in Mitteleuropa auf.

Kalkgebirge erkennt man an schroffen, hellen Felsen mit ausgeprägten Schuttkegeln, ein Zeichen der ständigen raschen Verwitterung.

Silikatgebirge wirken dank der langsamen Verwitterung weniger schroff, ihre Schutthalden wachsen schneller zu als sie nachgebildet werden.

Gesteine und Böden

Wer sich mit der Pflanzenwelt der Alpen befaßt, wird immer wieder auf die großen Unterschiede der Flora auf Kalk- und Silikatgestein aufmerksam. Schon an der Gestalt der Berge kann man vielfach erkennen, aus welchem Material sie sind. Schroff aufragende, fast weiße Wände und Türme, an deren Fuß oft Schuttfächer aus hellem Gestein liegen, weisen immer auf Kalk oder Dolomit hin. Berge aus Silikatgestein wirken dagegen eher rund, wuchtig und breit; wo es Felswände gibt, sind sie eher grau bis bräunlich, und die Wiesen oder Wälder reichen bis an ihren Fuß.

Kalk- und Dolomitgesteine sind Ablagerungs-(Sediment-)Gesteine. Sie entstanden auf dem Grund eines flachen, warmen Meeres, das sich während des Erdmittelalters (vor 100–200 Millionen Jahren) im Bereich der Alpen erstreckte. Die bis zu mehrere tausend Meter dicken Schichten (die erst absanken, später dann angehoben und gefaltet wurden) bestehen aus Kalkausflockungen, Algen- und Korallenresten. Man sieht Kalkformationen oft noch deutlich ihre Schichtung an, und auch die Verwitterung setzt zwischen den Schichten an und sprengt ganze Blöcke ab.

Silikatgesteine dagegen bestehen aus zusammengebackenen Kristallen kieselsäurehaltiger Mineralien. Je nach Zusammensetzung und Beschaffenheit unterscheidet man z.B. Granit, Gneis oder Glimmerschiefer. Diese Gesteine stammen meist aus tiefen Erdschichten, sind älteren Ursprungs und im allgemeinen dunkler als Kalke.

Die Ausgangsgesteine bestimmen die chemische und physikalische Beschaffenheit der Böden (z.B. basisch oder sauer) und wirken sich damit nachhaltig auf die Vegetation aus. Bei Kenntnis dieser Zusammenhänge kann man umgekehrt von der

Zwillingsarten auf Kalk und Silikat

auf Kalk	auf Silikat
Alpen-Küchenschelle *(Pulsatilla alpina)*	Gelbe Alpen-Küchenschelle *(Pulsatilla apiifolia)*
Alpen-Hahnenfuß *(Ranunculus alpestris)*	Gletscher-Hahnenfuß *(Ranunculus glacialis)*
Mannsschild-Steinbrech *(Saxifraga androsacea)*	Seguiers Steinbrech *(Saxifraga seguieri)*
Bewimperte Alpenrose *(Rhododendron hirsutum)*	Rostblättrige Alpenrose *(Rhododendron ferrugineum)*
Aurikel *(Primula auricula)*	Behaarte Primel *(Primula hirsuta)*
Schweizer Mannsschild *(Androsace helvetica)*	Alpen-Mannsschild *(Androsace alpina)*
Echtes Alpenglöckchen *(Soldanella alpina)*	Zwerg-Alpenglöckchen *(Soldanella pusilla)*
Stengelloser Kalk-Enzian *(Gentiana clusii)*	Stengelloser Kiesel-Enzian *(Gentiana acaulis)*
Großblütige Gemswurz *(Doronicum grandiflorum)*	Zottige Gemswurz *(Doronicum clusii)*

Vegetation auf das Ausgangsgestein schließen. Viele Pflanzensippen haben Kalk- und Silikatspezialisten ausgebildet, von denen sich manche äußerlich sehr ähnlich sehen (s. Tabelle oben).

Klima

Klimatisch liegen die Alpen am Übergang von der gemäßigten zur mediterran-subtropischen Zone. Wie viele andere große Gebirge, stellt auch das größte europäische Gebirge eine wirksame Klima- und Wetterscheide dar. Nördlich herrschen feuchte und kühle, südlich sommertrockene und wintermilde Bedingungen.

Vor allem die sehr unterschiedlichen Niederschläge wirken sich auf die Vegetation der verschiedenen Alpenbereiche aus. Die meist aus Nordwest (vom Atlantik) kommenden feuchten Luftmassen stauen sich an der Wetterseite der Alpen, steigen auf und kühlen ab. Das Wasser kondensiert und fällt als Regen oder Schnee. Das geschieht besonders ergiebig am Nordrand der Alpen, wo Jahresniederschläge von 2000 mm und mehr keine Seltenheit sind. Schon die Zentralalpen (Wallis, Engadin, Vintschgau) bekommen von diesen Niederschlägen aber nicht mehr viel ab; besonders im Sommer kann es hier ausgesprochen trocken sein; das Jahresmittel liegt hier kaum über 600 mm.

Die Südalpen sind vor kalten Nordwinden geschützt, das Klima ist allgemein wesentlich milder. Die Niederschläge fallen teilweise aber wieder etwas reichlicher als in den Zentralalpen, im Westen kräftiger als im Osten.

Neben den Niederschlägen spielen die Jahrestemperaturen eine große Rolle für die Pflanzenwelt. Allgemein gilt, daß die mittlere Temperatur je 100 m Höhenzunahme um 0,5 °C abnimmt. Daraus ergibt sich in den Alpen eine vertikale Klimastufung. (Eine ähnliche Abfolge verschiedener Klimabereiche gibt es geographisch über viele Breitengrade Richtung Arktis.) Auch durch sonnige Süd- und schattige Nordhänge wechselt das Kleinklima auf kurze Entfernung. Entsprechende Vegetationsstufen reichen an Südhängen deshalb etwas weiter nach oben. Es entsteht ein vielfältiges Mosaik sehr unterschiedlicher Standortbedingungen, was sich in einer entsprechenden Mannigfaltigkeit von Pflanzengesellschaften ausdrückt.

Vegetationsstufen

Wer auf einen Berg steigt, erlebt überall in den Alpen eine charakteristische Veränderung des durch die Vegetation geprägten Landschaftsbildes. Nach Laub- und Mischwäldern im unteren und mittleren Bereich (montane Stufe) durchwandern wir weiter oben mehr oder weniger reine Fichtenwälder (subalpine Stufe), die sich schließlich immer mehr auflösen. Krüppelgehölze und Matten (Bergwiesen) leiten über zu immer kargeren Landschaften, in denen bald nur noch Schutt und Fels vorherrschen (alpine Stufe), bis schließlich die Region ewigen Schnees folgt (nivale Stufe).
Wenn auch durch Forst- und Landwirtschaft die natürlichen Vegeta-

Vegetationsstufen

(N=Nordalpen; Z=Zentralalpen; S=Südalpen)

Bezeichnung	Höhenlage bis (m)	Mittlere Jahres-temp. (°C)	Vegetations-zeit (Tage)	Vegetation
kolline Stufe (Hügelstufe)	N: 500 Z: 800 S: 1000	8 bis 12	über 250	Laubmischwälder (Edelkastanie), Föhrenwälder, Ackerbau, Weinbau, Grünlandschaft
montane Stufe (Bergstufe)	N: 1350 Z: 1400 S: 1800	4 bis 8	über 200	Laubwald (Buche), Tanne
subalpine Stufe (bis Waldgrenze)	N: 1900 Z: 2400 S: 2000	1 bis –2	100–200	Nadelwald (Fichte, Lärche), Latschen, Zwergsträucher
alpine Stufe (Waldgrenze bis ewiger Schnee)	N: 2400 S: 3000	–2 bis –5	unter 100	Rasen, Zwergstauden und -sträucher, Polsterpflanzen
nivale Stufe (Schneestufe)	ab 2400	unter –5		Flechten, Moose, Gletscherhahnenfuß u.a.

tionszonen heute nicht mehr überall in typischer Weise ausgeprägt sind, so ist diese Zonierung doch immer noch auffallend genug, und die Benennung der einzelnen Vegetationsstufen dient der besseren Verständigung. Viele Pflanzenarten sind nicht nur an bestimmte Gesteine und Bodenarten gebunden, sondern auch an die Klimaverhältnisse der verschiedenen Höhenstufen.

Alpenpflanzen

Neben einer ganze Reihe von Pflanzenarten, die auch im Tiefland vorkommen, findet man in den Alpen – zumal in größeren Höhen – viele ausgesprochene Gebirgspflanzen. Da die Gebirge der Welt durch Tiefländer und Meere vielfach inselartig voneinander getrennt sind, gibt es unter den Gebirgspflanzen besonders viele Endemiten (Inselformen), die nur in einem Gebirge, manchmal sogar nur auf einem Gebirgsstock vorkommen. (Ursprünglich einheitliche Arten entwickeln sich in verschiedene Richtungen, wenn ihre Teilpopulationen über längere Zeit voneinander getrennt sind.) Die Alpenflora setzt sich aus Allerweltsarten, aus allgemeinen Gebirgsarten und aus speziellen Alpenarten zusammen.

Die Baumgrenze liegt meist um einige hundert Meter höher als die Waldgrenze.

Geschichte der Alpenflora

30 Millionen Jahre unter mehr oder weniger konstanter Eisdecke – das überdauern auch die widerstandsfähigsten Pflanzensamen nicht. Alles höhere Leben in den Alpen war nach der letzten Eiszeit praktisch erloschen. Als das Eis anfing, sich vor etwa 15 000 Jahren zurückzuziehen, begann eine Neubesiedlung. Zur Zeit stärkster Vereisung war Mitteleuropa stellenweise nur noch auf einer Breite von weniger als 300 km zwischen den skandinavischen und den alpinen Gletschern eisfrei. Nur eine spärliche Tundren-Vegetation konnte sich in diesen Randbereichen halten. Von hier und von den unvereisten Südost- und Südwestalpen aus setzte die Wiederbesiedlung der Alpen ein. Zunächst fehlten geschlossene Wälder noch vollständig, so daß viele Steppenpflanzen auch aus dem entfernteren Osten in die nacheiszeitliche Wüste der Alpenregion einwandern konnten. Sie bilden noch heute einen festen Bestandteil der alpinen Rasengesellschaften. Wärmeliebende Steppenarten haben in den zentralalpinen Trockentälern (z.B. im Wallis) eine Bleibe gefunden.

Wenn hier von wandernden Pflanzen die Rede ist, so mag sich mancher fragen, wie denn so etwas möglich ist. Von einer aktiven Bewegung einzelner Pflanzen kann ja nur ausnahmsweise die Rede sein, etwa wenn Pflanzen Ausläufer bilden und so mit einer Geschwindigkeit von einigen Zentimetern bis einigen Metern im Jahr neues Terrain erobern. Dieser langsamen und ziemlich ungerichteten Art der »Fortbewegung« sind aber gerade im Gebirge enge Grenzen gesetzt. Im allgemeinen wandern Pflanzen nicht als Einzelpflanzen, sondern als Sippe oder Art, indem sie mit Hilfe ihrer speziellen Vermehrungs- und Ausbreitungstechniken neue Lebensräume besiedeln. In der Regel handelt es sich dabei um eine passive Verbreitung der Samen etwa durch den Wind – wie wir das von Weiden und vom Löwenzahn sowie von den staubfeinen Samen der Orchideen her kennen. Daneben gibt es viele weitere Möglichkeiten des Samentransports; etwa durch fließendes Wasser, oder durch Tiere, z.B. samenfressende Vögel oder wanderndes Wild, in dessen Fell sich Klettsamen festhaken.

Noch heute kann man an der Verbreitung vieler Pflanzenarten unserer Flora ablesen, in welcher Weise sie vor 15000 Jahren die zuvor vom Eis bedeckten Flächen besiedelt haben. Besonders auffällig sind Arten, die heute in Mitteleuropa nur ganz im Norden und ganz im Süden, also auf ehemaligen Gletscherflächen vorkommen, zum Beispiel die Rauschbeere oder der Lungen-Enzian. Andere, wie etwa die Rapunzel-Glockenblume, kommen nur in der Mitte vor, haben also bis heute die ehemaligen Eisflächen nicht besiedelt.

Interessant sind aber auch inselartige Vorkommen von Sippen in den Alpen. Mit zunehmender Erwärmung breiteten sich auch Pflanzen aus, die sehr konkurrenzstark andere Arten unterdrückten. Dazu gehörten vor allem die Waldbäume; im Tiefland insbesondere Buche, Eiche, Kiefer, Esche, in höheren Lagen auch Fichte und Tanne. In ihrem Schatten konnten lichthungrige Steppenpflanzen nicht überleben. Viele von ihnen hatten nur noch im Gebirge oberhalb der Waldgrenze eine Chance. Die Wälder bildeten bald eine so dichte Barriere, daß es zu einer regelrechten Verinselung der einzelnen Bergstöcke und ihrer lichtliebenden Flora kam.

Anpassungen an besondere Lebensbedingungen

Die klimatischen und topographischen Verhältnisse in den Alpen sind ganz allgemein für die Entfaltung von Leben weniger günstig als etwa im Flachland. Krasse Temperaturgegensätze, intensive Sonneneinstrahlung, starke Winde, oft wolkenbruchartige Niederschläge in Verbindung mit steilem Gelände, geringer Bodenmächtigkeit und entsprechend raschem Oberflächenabfluß machen zumindest in den höheren Lagen die Ansiedlung und Existenz von Pflanzen zu einem Abenteuer, dem nur wenige Spezialisten gewachsen sind.

Das charakteristische Aussehen vieler Alpenpflanzen läßt sich als Anpassung an die recht schwierigen Lebensbedingungen verstehen: Zwergwuchs, dicht am Boden oder Fels hinkriechende Spaliere, Polster- und Rosettenwuchs sind Antworten auf die Herausforderungen dieses Lebensraums. Ebenso die Behaarung vieler Pflanzen, die ledrige Beschaffenheit ihrer oft wachsüberzogenen oder einrollbaren Blätter.Anderes ist nicht so leicht zu erklären, etwa die

besonders leuchtenden Blütenfarben. Man hat das als Folge der intensiveren Strahlung erklärt. Aber welchen biologischen Sinn hat das, wenn man bedenkt, daß Blütenfarben der Anlockung von Insekten dienen, andererseits aber die Bedeutung der Insektenbestäubung mit zunehmender Höhe abnimmt? Der Anteil selbstbestäubender und windbestäubter Arten ist im Gebirge deutlich höher als im Flachland!
Eine weitere Anpassung an den Lebensraum Gebirge zeigen die sogenannten Schuttkriecher. Mit tief reichenden Wurzeln können sie steilste und ständig in Bewegung befindliche Gesteinsschuttflächen besiedeln, weil sie zäh immer wieder an die Oberfläche wachsen, wenn sie verschüttet wurden.
Viele Pflanzen machen sich den Schutz und die Lichtdurchlässigkeit der Schneedecke zunutze, indem sie mit immergrünen Blättern auch unter dem Schnee assimilieren und dadurch die oft nur wenige Wochen dauernde schneefreie Vegetationszeit verlängern. Der Gletscher-Hahnenfuß, den man bis in Höhen von über 4000 m finden kann, bildet bereits im Herbst im Schutz derber Deckschuppen und des Bodens fast vollständig entwickelte Blüten aus, um die kurze schneefreie Zeit voll zur Entwicklung der Früchte nutzen zu können. Die Blätter vom Strauß-Steinbrech können zu Glas gefrieren und wieder auftauen, ohne daß ihr Gewebe dabei Schaden nimmt.
Die verschiedenen Schutzeinrichtungen von Blättern (Haare, Wachsschicht, Verringerung der Oberfläche, Einrollen usw.) sind oft mehr ein Verdunstungsschutz als ein Kälteschutz, denn wenn es auch oft regnet, so besitzen doch viele Standorte keinerlei Wasserreservoir, und der ständige Wind zehrt zusätzlich am lebensnotwendigen Naß. Nur ganz wenige höher entwickelte Pflanzen (vor allem Gräser) vertragen den ungebremsten Wind und können an Graten und anderen exponierten Stellen siedeln. Die meisten anderen ducken sich in Mulden, hinter Steine, in Felsritzen, oder einfach nur dicht an den Boden.

Pflanzengesellschaften

Selbst unter so extremen Bedingungen wie im Hochgebirge gibt es fast immer mehrere Spezialisten für bestimmte Standorte. Daß sie oft um die besten Plätze konkurrieren, sich auch gegenseitig verdrängen, fällt hier freilich weniger auf als im Tiefland, wo ja viel mehr Arten miteinander im Wettbewerb stehen. Das oft sehr lockere Pflanzenkleid der Hochlagen, das jede Einzelpflanze so wunderbar zur Geltung bringt, erweckt den Eindruck geringer Konkurrenz. Gleichwohl gesellen sich auch im Gebirge verschiedene Pflanzenarten zu charakteristischen Gemeinschaften. Man kann sie unter ähnlichen Bedingungen immer wieder in ähnlicher Zusammensetzung antreffen.
Die wichtgsten Pflanzengesellschaften in den Alpen sind die Felsspalten-, Felsschutt- und Rasengesellschaften. Manche Arten sind so typisch für bestimmte Standorte, daß man sie als Leitarten bezeichnet.

Felsspaltengesellschaften

Selbst an senkrechten, nahezu glatt erscheinenden Felsen kann man noch die Polster und Rosetten und die oft prächtig leuchtenden Blüten verschiedener Alpenpflanzen entdecken. Sie kommen hier besonders gut zur Geltung – sind allerdings durch Kletterer auch besonders ge-

fährdet. Da Kalkgesteine leichter verwittern und schichtweise aufbrechen, sind Kalkfelsen besonders reich an Pflanzen, die sich im allgemeinen durch weit in die Felsspalten eindringende Wurzeln, polsterförmigen Wuchs, fleischige oder behaarte Blätter auszeichnen und damit zu erkennen geben, wie schwierig hier die Wasser- und Nährstoffversorgung ist.
Für Kalk- und Dolomitfelsen sind besonders typisch der weißblühende Schweizer Mannsschild (S. 76/77), das ebenfalls weißblühende Stengel-Fingerkraut (S. 82/83) und Sauters Hungerblümchen *(Draba sauteri)* mit gelben Kreuzblüten. Weitere Arten sind hier etwa die Felsen-Miere (*Minuartia rupestris,* vgl. S. 42/43), die Aurikel (S. 72/73) und das Ostalpen-Fingerkraut *(Potentilla clusiana).*
Ganz anders präsentiert sich die Flora an Silikatfelsen. Hier finden wir etwa Vandells Mannsschild *(Androsace vandellii),* der dem Schweizer Mannsschild ähnlich ist, die leuchtend rot blühende Leim-Primel (S. 74/75), den weiß bis rötlich blühenden Furchen-Steinbrech *(Saxifraga exarata)* oder die Spinnweb-Hauswurz (S. 88/89).

Felsschuttgesellschaften
Viele Arten der Felsspalten kann man auch im Felsschutt, am Fuß abbröckelnder Felsen finden und umgekehrt. Dennoch haben auch die Schuttflächen ihre Spezialisten, die durch lange Wurzeln und zähe Austriebskraft mit den besonderen Bedingungen dieses rutschenden und immer wieder überschütteten Standorts fertig werden. Auch hier können wir wieder sehr deutlich kalkliebende und kalkfliehende Arten unterscheiden.
Auf Kalkschutt gedeihen vorzugsweise das Rundblättrige Hellerkraut (S. 56/57) mit hellvioletten, wohlriechenden Blüten, der gelbblühende

Der Gletscher-Hahnenfuß besiedelt bevorzugt feuchte Silikatschuttböden und ist wohl die in den Alpen am höchsten gehende Blütenpflanze (bis 4275 m).

Triglav-Pippau *(Crepis terglouensis)*, der Berg-Löwenzahn *(Leontodon montanus)*, der Weiße Alpenmohn (S. 40/41) und in etwas tieferen Lagen die Alpen-Pestwurz (S. 138/139) mit ihren silberfilzigen großen Blättern.

Wo Geröll- und Schuttflächen zur Ruhe kommen, setzt eine Vegetationsentwicklung mit charakteristischer Artenabfolge (Sukzession) ein: Anfangs findet man oft die am und im Bopden kriechenden Spaliersträucher der Silberwurz (S. 80/81) und der Stumpfblättrigen Weide (S. 60/61), die erheblich zur Stabilisierung des Bodens beitragen. Hat sich unter ihnen genügend Humus angesammelt, wandern Schnee-Heide (S. 66/67), Alpenrose (S. 70/71) und Latsche *(Pinus mugo)* ein.

Silikatschutt-Gesellschaften sind dagegen gekennzeichnet durch den gelbblühenden Gletscher-Petersbart (S. 80/81), den Alpen-Mannsschild (S. 76/77), den Gletscher-Hahnenfuß (S. 38/39) und den violettblühenden Zweiblütigen Steinbrech *(Saxifraga biflora)*.

Rasengesellschaften

Die gehölzlosen Pflanzenteppiche oberhalb der Baumgrenze werden als alpine Rasen, Urwiesen oder Matten bezeichnet. Sie unterscheiden sich von den Wiesen in tieferen Lagen – auch von den Almwiesen in der Bergwaldzone – nicht nur durch eine Reihe charakteristischer Pflanzen, sondern vor allem durch die Tatsache, daß sie auch ohne Mahd oder Weide stets gehölzfrei bleiben. In dieser Hinsicht sind sie mit Salzwiesen an der Küste oder kontinentalen Grassteppen (z.B. in Asien, Afrika oder Nordamerika) zu vergleichen.

Die Pflanzenzusammensetzung sol-

Die alpinen Rasengesellschaften auf Kalk sind besonders farbenprächtig; hier Mehl-Primel, Frühlings-Enzian, Stengelloser Kalk-Enzian und Berg-Hahnenfuß.

Mit tiefreichenden Wurzeln ist der Gletscher-Petersbart an die Lebensbedingungen im bewegten Gesteinsschutt gut angepaßt.

cher Matten hängt nicht nur vom Gesteinsuntergrund ab, sondern auch vom Alter, von der Dauer der Schneebedeckung, von der Lage zur Sonne, von der Wasserversorgung und von der Nutzung durch den Menschen. Das Alter ist insofern von Bedeutung, als solche Rasen auf Kalk im Lauf der Jahrhunderte einerseits viel (saueren) Humus ansammeln, andererseits der leicht lösliche Kalk immer mehr ausgewaschen wird. Dadurch wandelt sich die zunächst basische Bodenreaktion zu einer sauren, was mit einer tiefgreifenden Veränderung der Vegetation verbunden ist.

Die erste Generation eines Kalkrasens, besonders auf windexponierten Flächen mit nur kurzer Schneebedeckung, wird als Polsterseggen-Rasen bezeichnet, weil hier die Polster-Segge *(Carex firma)* fast reine, recht blumenlose Bestände bildet. Südhänge mit längerer Schneebedeckung entwickeln sich zu artenreichen Blaugras-Horstseggen-Rasen; sie gehören zu den buntesten Bergwiesengesellschaften. Typisch für sie sind etwa das Edelweiß (S. 148/149 – das nur deshalb vielerorts zum Einsiedler unerreichbarer Zinnen geworden ist, weil es an den leichter zugänglichen Stellen ausgerottet wurde), der violette Alpen-Spitzkiel (S. 98/99), die rosa Alpen-Aster (S. 144/145) und der Stengellose Kalk-Enzian (vgl. S. 108/109).

Alte Kalkrasen entwickeln sich oft zu Zwergstrauchheiden mit Heidel- und Rauschbeere, Punktiertem Enzian und Sauergräsern. Auch durch starke Beweidung und Bodenverdichtung können saure Bedingun-

Die im Frühsommer blühenden Alpenrosen bilden oft ausgedehnte Zwergstrauchheiden, die von den Bauern als Weideunkraut nicht gern gesehen werden.

gen über Kalk entstehen, deren Vegetation man als Borstgrasweiden bezeichnet.

Auf Silikatböden finden wir keine so ausgeprägten Entwicklungsunterschiede, da hier die Bodenverhältnisse von Anfang an sauer sind und sauer bleiben. Charakteristisch ist der relativ blumenarme, stets etwas bräunliche Krummseggenrasen. Besonders auffallen können hier die goldgelben Blüten des Schweizer Löwenzahns (S. 154/155).

Andere Pflanzengesellschaften

Die Vielzahl von Standortbedingungen im Gebirge hat eine entsprechende Vielzahl von Pflanzengesellschaften zur Folge, wenn sie teilweise auch nur sehr kleinräumig ausgebildet sind. Zu erwähnen sind etwa die an Almhütten, Berggasthäusern und in Mulden mit tiefründigem, humusreichem Boden zu findenden Lägerfluren. Das Wort be- zieht sich darauf, daß an solch nährstoffreichen Stellen das Vieh gern lagert

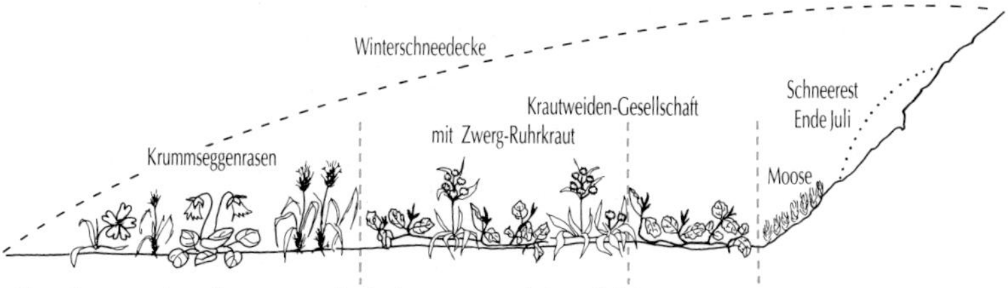

Charakteristische Pflanzengesellschaften eines Schneetälchens.

(wobei Ursache und Wirkung selbstverständlich umgekehrt sind). In der sonst eher miniaturisierten Welt der Bergpflanzen fallen die hohen Stauden mit kräftigen Blättern solcher Standorte besonders auf: Alpen-Ampfer (S. 48/49), Alpen-Greiskraut (S. 142/143), Brennessel, Wald-Storchschnabel (S. 102/103), Eisenhutblättriger Hahnenfuß (S. 38/39) sind einige der hier versammelten Hochstauden.

Natürlichere Hochstaudengesellschaften finden wir im Übergang von der montanen zur alpinen Zone, also dort, wo der Bergwald in die Krummholzregion übergeht. Besonders Grünerlengebüsche (die an feuchteren Stellen die Latsche vertreten) sind mit Hochstaudenfluren eng verzahnt. Dominierende Arten sind hier etwa Grauer und Kahler Apendost (S. 138/139), der Alpen-Milchlattich (153/153) – einer der wenigen blaublütigen Korbblütler – auch Berg-Sauerampfer *(Rumex arifolius)*, Rippensame (S. 104/105), verschiedene hohe Pippau- und Greiskraut-Arten und manches andere.

Ganz anders sieht die Vegetation der sogenannten Schneetälchen aus. Das sind Mulden, in denen der Schnee lange liegen bleibt, und in denen die Vegetationszeit entsprechend kurz ist. Hier findet man die im Boden kriechende Kraut-Weide (*Salix herbacea*; vgl. S. 60/61), die aus ihrem unterirdischen Geäst nach der Schneeschmelze nur einen Teppich von Blättern und Blüten über die Bodenoberfläche austreibt. Andere typische Arten sind das Dreigriffelige Hornkraut (*Cerastium cerastoides*), der Fünfblättrige Frauenmantel (*Alchemilla pentaphyllea*), die Blaue Gänsekresse (*Arabis caerulea*) und das Alpenglöckchen (S. 78/79).

Die Vegetation schattiger Tälchen, in denen der Schnee lange liegt, weist viele Besonderheiten auf.

Veränderungen durch den Menschen

Längst sind auch die Alpen keine reine Naturlandschaft mehr. Selbst an unzugänglichen Stellen, wo eine land- oder forstwirtschaftliche Nutzung nicht möglich ist, wirken sich menschliche Aktivitäten in vielfältigster Weise aus. Das reicht von der Bejagung der Tierwelt, über touristische Aktivitäten und Einrichtungen (Bergbahnen, Skiabfahrten, Klettereien, Berghütten) bis hin zu Nähr- und Schadstoffeinträgen aus der Luft. Von all dem wird auch die Pflanzenwelt beeinflußt. Von den Auswirkungen der jahrhundertelangen Verfolgung etwa des Edelweiß war schon die Rede; ähnliche Folgen hatte vielerorts das Ausgraben des Gelben Enzians zur Schnapsgewinnung.

Almwirtschaft

Ebenso großflächigen wie tiefgreifenden Einfluß auf die Pflanzenwelt hatten und haben aber insbesondere die Land- und Forstwirtschaft. Vor allem die schon vor Jahrtausenden begonnene Almwirtschaft hat ihre Spuren und Narben im Gebirge hinterlassen, wobei zwischen drei Arten der Beweidung zu unterscheiden ist: Waldweide, Lichtweide in der Bergwaldzone und Beweidung alpiner Matten. Die Waldweide hat (neben den jagdlich überhöhten Schalenwildbeständen) wesentlich dazu beigetragen, daß Bergmischwälder immer mehr zu Fichtenwäldern und altersgestufte Naturbestände zu vergreisten Wäldern ohne Jungwuchs verkamen. Obwohl die daraus resultierenden Gefahren seit langem erkannt sind, gelang es bis heute nicht überall, Wald und Weide so zu trennen, daß die Schutzfunktion des Waldes garantiert ist. Alte Rechte

Rund um Almhütten verändert sich die Vegetation; Alpen-Ampfer und andere mastige Kräuter gedeihen hier.

Durch die Beweidung der Almen sammeln sich Nährstoffe an und der Boden wird durch Tritt verdichtet; die Pflanzengesellschaft an solchen Viehlagerstätten nennt man Lägerflur.

werden hier ohne Rücksicht auf das Allgemeinwohl und ohne jeglichen volkswirtschaftlichen Nutzen mißbraucht.

Als Lichtweiden bezeichnet man Rodungen im Bergwald. Hier muß man aus ökologischer Sicht zwischen relativ unproblematischen Flächen und solchen Almweiden unterscheiden, deren Lage, Bodenbeschaffenheit und Hangneigung zu Erosionen (Hangrutschungen), verstärktem Oberflächenablauf der Niederschläge und zu Lawinen führen können. Solche Almflächen müssen zukzessive wieder bewaldet werden. Selbst akut unproblematische Lichtweideflächen sind aber ökologisch und wasserwirtschaftlich als suboptimal zu betrachten. In Anbetracht ihres hohen Erholungswertes kann man sie jedoch tolerieren – sofern sie nicht zu einer touristischen Überlastung (z.B. durch Ausbau der Almhütten) oder zu einer Nutzungsintensivierung führen.

Als sehr problematisch aus der Sicht des Naturschutzes ist die Beweidung der alpinen Matten zu beurteilen. Diese für Mitteleuropa so einmaligen und seltenen Pflanzengesellschaften sollten mit der ihr eigenen Tierwelt in ihrer ungestörten Natürlichkeit erhalten werden und allein Bergwanderern und Naturfreunden zur Freude dienen.

Forstwirtschaft

Auch die Forstwirtschaft im Bergwald hinterläßt ihre ökologisch und floristisch bedenklichen Spuren. Zwar sind die Zeiten vorbei, in denen man rücksichtslos Bergwälder abgeholzt hat, wie noch im vorigen Jahrhundert. Richtig ist auch, daß große Lücken und Schäden im Bergwald durch vorausschauenden Waldbau behoben wurden. Leider haben aber hohe Wildbestände (an denen auch manche Forstamtsleiter nicht unschuldig sind), Probleme bei der Zäunung und holzwirtschaftliche Erwägungen vielerorts zu einer starken Verfichtung der Bergwälder geführt.

Im Bergwald – zumal im staatlichen – sollte man sich aber ausschließlich an den Schutz- und Sozialfunktionen des Waldes orientieren. Die Holzproduktion deckt in diesem schwierigen Gelände und bei enorm verlängerten Umtriebszeiten durch langsameres Wachstum ohnehin die Kosten nicht. (Alle bayerischen Alpenforstämter schreiben rote Zahlen.) Anzusteuern wäre eine Rückführung der Bergwälder in ihren ursprünglichen, ökologisch weitgehend stabilen Zustand (altersgestufter Bergmischwald) und ein weitgehender Rückzug der Forstwirtschaft aus dem Bergland. Der Bau neuer Forststraßen dient diesem Ziel nicht. Das Argument von Land- und Forstwirtschaft, die Bergnatur müsse auch als Erholungslandschaft »gepflegt« werden, trifft nur sehr eingeschränkt zu, wie Erfahrungen aus Nationalparken beweisen.

Schutz der Alpenpflanzen

Viele der im folgenden behandelten Bergblumen tragen in der Kopfzeile den Hinweis darauf, daß diese Arten geschützt sind (gesch.). Es ist verboten sie zu pflücken. Da die Bestimmungen in den Alpenländern verschieden sind, wird in Klammern das Land genannt: Deutschland (D), Österreich (AU; so bezeichnet, wenn in einem Bundesland ganz oder teilweise geschützt), Schweiz (CH). Geschützt sind vor allem solche Arten, die erfahrungsgemäß durch blumenpflückende Bergtouristen besonders gefährdet sind, also meist auffällige, schöne Blumen. Nicht immer läßt dieser Schutzstatus erkennen, wie selten oder aus anderen Gründen in ihrem Bestand gefährdet eine Art ist.

Da sich erfreulicherweise die Moral des Blumenpflückens nicht nur im Gebirge in den letzten Jahren wesentlich gebessert hat, sind viele Bergblumen heute durch Veränderungen ihres Lebensraumes weit mehr gefährdet als durch Bergwanderer. Die Planierung von Skipisten, die unsachgemäße Begrünung von Wegrändern und Anrissen, die Düngung von Almwiesen sind einige der besonders schädlichen Faktoren.

Das Ausmaß der Gefährdung einer Art wird heute durch die Kategorien der Roten Listen bezeichnet. Diese Angaben beziehen sich immer nur auf begrenzte (politische) Gebiete und geben damit nicht unbedingt die Gefährdung einer Sippe in ihrem gesamten Verbreitungsareal an. Eine mit Schwerpunkt in Tirol vorkommende, dort durchaus häufige Art kann im deutschen Alpenanteil nur vereinzelt an wenigen Grenzstandorten zu finden sein, würde also in der deutschen Roten Liste einer hohen Gefährdungsstufe zugeordnet. Da im folgenden Bergblumen des gesamten deutschsprachigen Alpenraums (und teilweise darüber hinaus) ausgewählt wurden, erschien es uns wenig sinnvoll, auch die Rote-Liste-Nummer anzugeben, wie wir das beispielsweise im Band »Blumen bestimmen auf einen Blick« getan haben.

Wir verbinden mit der Veröffentlichung dieses Bestimmungsbuches die Bitte und Erwartung, daß alle, die es hoffentlich mit Gewinn und Freude in unserer schönen Alpennatur

Die schöne Trichter-Lilie *(Paradisea liliastrum)* bildet in Graubünden und anderen Teilen der Südalpen oft herrliche Bestände. Viele dieser auffälligen Arten mußte unter Schutz gestellt werden.

verwenden, grundsätzlich sämtliche Pflanzen und Tiere schonen und schützen.

Tourismus

Der in diesem Jahrhundert zur Massenbewegung gewordene Skisport, das weiterhin wachsende Interesse an Bergwandern, Klettern, Gleitschirmfliegen, Mountain-Bike-Fahren u.a. hat die Alpen vielerorts an den Rand ihrer touristischen Belastbarkeit gebracht. Insbesondere die für die Bewältigung solcher Massen nötige Infrastruktur – Straßen, Parkplätze, Bergbahnen, Lifte, Pisten, Hotels, Zufahrtswege zu Hütten (und Jagdrevieren), Anlagen zur Wasserver- und entsorgung sowie zur Energieversorgung – hat vielerorts zu einer Zerstörung des Landschaftsbildes und zur Gefährdung der labilen ökologischen Systeme geführt. Hinzu kommen große Belastungen durch Abgase (und Lärm) des überhandnehmenden Verkehrs, durch Abwässer und Müll.

Wenn auch die Touristiker so mancher Ferienorte heute versuchen, die weitere Erschließung der Bergnatur zu stoppen und »sanfte« Programme anzubieten, so ist ein Ende der Naturzerstörung in den Alpen durch den Tourismus noch nicht abzusehen. Viel kann hier der Urlaubsgast selbst erreichen, indem er einerseits auf unsinnige »Vergnügen« wie Helikopter-Skiing, Auto-Sightseeing und rücksichtsloses Verhalten (Wegwerfen von Müll, Klettern an unberührten Felsen, Radfahren abseits von Fahrwegen ...) verzichtet, andererseits Wünsche nach Ruhe, artenreicher Natur, gesunder Umwelt und Nahrung, Sauberkeit usw. deutlich zum Ausdruck bringt.

Dunkle Akelei

oben links; gesch. (A, D)

Aquilegia atrata

30–70 cm, Juni–Juli

Merkmale: Unverkennbar durch die typische Blütenform, die rötlich-schwarzviolette Farbe und die doppelt dreiteiligen Grundblätter. **Standort:** Bevorzugt als wärmeliebende Pflanze mäßig trockene, leicht humose und kalkhaltige Böden: Moorwiesen, Gebüsche und Waldsäume, Hochstaudenfluren sowie lichte Kiefern- und Fichtenmischwälder. **Verbreitung:** Alpen (bis 2000 m), Alpenvorland bis Donau, Jura.
Die Pflanze wurde im Mittelalter gegen Geschwüre und Krebs angewandt.

Alpen-Akelei

oben rechts; gesch. (A, CH, D)

Aquilegia alpina

15–40 cm, Juni–August

Merkmale: Auf den ersten Blick unterscheiden sich unsere drei blau blühenden Akelei-Arten kaum. Typisches Merkmal dieser Art sind der wenig gekrümmte Sporn und die kaum verzweigten Stengel mit nur 1–3 Blüten. Charakteristisch für die ähnliche Einseles Akelei *(A. einseleana)* sind die kleinen Blüten (daher auch Kleinblütige Akelei genannt) mit den besonders kurzen (höchstens 1 cm langen) und geraden Blütenspornen. Die ebenfalls blaue Gewöhnliche Akelei *(A. vulgaris)* ist durch hakig gekrümmte Blütensporne und 3–10 Blüten je stark verzweigtem Stengel gekennzeichnet. **Standort:** Grashalden auf frischen, basischen Lehmböden. **Verbreitung:** Seealpen bis Tirol.

Schneerose, Christrose, Schwarze Nieswurz

unten

Helleborus niger

gesch. (A, D); 15–30 cm, Dezember–Mai

Merkmale: Ihre frühe Blütezeit hat der Pflanze den Namen eingebracht: An geschützten, sonnigen Stellen wagen sich ihre Blüten bereits zum Jahreswechsel aus dem Schnee. Die anfangs weißen, außen meist rötlich überlaufenen Blütenblätter verfärben sich beim Abblühen oft rot oder grünlich. Die Grüne Nieswurz *(H. viridis)* und die Stinkende Nieswurz *(H. foetidus)* – beide an ähnlichen Standorten, aber nur bis etwa 1000 m Höhe zu finden – unterscheiden sich durch beblätterte Stengel und von Anfang an grüne Blüten. **Standort:** Die Schneerose liebt kalkhaltigen Untergrund. Sie besiedelt laubholzreiche Bergwälder und Gebüsche. **Verbreitung:** Nördliche Kalkalpen östlich des Inns, vereinzelt in den Süd- und Westalpen; bis 1900 m.
Die Christrose ist giftig. Ihrem Wurzelstock wurden früher Heilkräfte gegen Gallenleiden, Aussatz und Depressionen zugeschrieben.

Blauer Eisenhut

oben; gesch. (A, D)

Aconitum napellus

50–150 cm, Juli–August

Merkmale: Die unverkennbare Helmform der dunkelblauen Eisenhutblüte ist wohl jedem zumindest aus dem Garten bekannt. Die stattlichen, meist in Gruppen wachsenden Pflanzen sind auch kaum zu übersehen. Die tief eingeschnittenen, handförmigen Blätter (3–7teilig) sind typisch für viele Hahnenfußgewächse. Zu verwechseln ist die Art in unserem Gebiet allenfalls mit dem Bunten oder Gescheckten Eisenhut *(A. variegatum)*, der selten in Gebüschen und Auwäldern, an Bachufern und in subalpinen Hochstaudenfluren vorkommt. Seine hell- oder dunkelvioletten Blüten sind oft hell gescheckt, ihr Helm etwa doppelt so hoch wie breit, der Blütenstand ist kürzer, die Blattabschnitte sind breiter und die Blätter meist nicht bis zum Grund geteilt. Ähnlich ist außerdem noch der Rispige Eisenhut *(A. paniculatum)*, ebenfalls selten in den Alpen in Höhen zwischen 1000 und 2000 m. In den westlichen und südlichen Alpen kommen als weitere blaublütige Eisenhutarten vor: Burnats Eisenhut (*A. divergens*) und Schmalblättriger Eisenhut *(A. angustifolium)*. **Standort:** Bevorzugt lockere und humusreiche Lehmböden auf Kalk sowie gut durchfeuchteten Untergrund in vollem Licht oder Halbschatten. An Bachufern und Quellfluren, in staudenreichen Auwäldern und höher gelegenen feuchten Laubmischwäldern, in Hochstaudenfluren, häufig mit Alpen-Greiskraut und Alpendost bis zur Baumgrenze zu finden; auch in Lägerfluren. **Verbreitung:** Als arktische Gattung nach der Eiszeit von Sibirien aus nach Europa, Asien und Amerika eingewandert. In den Alpen bis 2100 m Höhe.

Alle Pflanzenteile sind stark giftig, bereits wenige Gramm der Pflanze sind für den Menschen tödlich. Im Altertum als Pfeilgift verwendet, wird Aconitin heute als bewährtes Herzmittel eingesetzt.

Gelber Eisenhut, Wolfs-Eisenhut

unten; gesch. (A,D)

Aconitum vulparia

50–150 cm, Juni–August

Merkmale: Als Eisenhut, trotz der hellgelben Farbe, leicht an der (hochgezogenen!) Helmform der Blüten und an den handförmigen (5–7teiligen) Blättern zu erkennen; im Gegensatz zum Blauen Eisenhut sind die Blätter weniger tief eingeschnitten und die Blattabschnitte viel breiter. Ähnlich sind die ebenfalls gelb blühenden, aber mehr in den West- und Südalpen zu findenden Arten: Hahnenfußblättriger Eisenhut *(A. ranunculifolium)*, Platanenblättriger Eisenhut *(A. platanifolium)* und Giftiger Eisenhut *(A. anthora)*. **Standort:** Feuchte, laubholzreiche Wälder des Berglandes, subalpine Gebüsche, Schluchtwälder und Krummholzgürtel. Hauptsächlich auf humusreichen (Mull-)Böden, aber auch auf (baumlosem) Gesteinsschutt; kalkliebend. **Verbreitung:** Kalkgebirge Mitteleuropas, Alpen- und Voralpenland, nur vereinzelt im Norden und Osten Mitteleuropas; in den Alpen bis 2100 m Höhe.

Trollblume

oben; gesch. (A, D)

Trollius europaeus

30–60 cm, Mai–Juni

Merkmale: Unverkennbar durch die kräftig-gelben, kugeligen Blüten und die typisch gefingerten Hahnenfußblätter. **Standort:** Die Pflanze gedeiht auf Flachmooren, in Hochstaudenfluren und Quellwiesen, gern über Kalk. Braucht gut durchfeuchtete, humusreiche und saure Böden und verträgt nicht zu frühen Schnitt. **Verbreitung:** Fast in ganz Europa anzutreffen, besonders im Gebirge. In den Alpen von den Tallagen bis über 2000 m Höhe ansteigend.

Wie die meisten Hahnenfuß-Arten, wird die giftige Pflanze vom Weidevieh gemieden. Obwohl noch relativ häufig, ist die Trollblume durch Trockenlegung und Düngung ihrer Standorte überall bedroht.

Narzissenblütiges Windröschen, Berghähnlein

unten

Anemone narcissiflora

gesch. (A, D); 30–50 cm, Mai–Juli

Merkmale: Von anderen Anemonen-Arten leicht am Blütenstand zu unterscheiden: Die weißen, außen oft rötlich überlaufenen Blüten sind in einer endständigen Dolde zusammengefaßt. Darunter sitzt ein Quirl aus dreiteiligen, tief eingeschnittenen Blättern. Die ganze Pflanze ist abstehend behaart. Ähnlich ist die weiße Alpen-Küchenschelle (Unterschiede s. folgende Doppelseite). **Standort:** Bevorzugt feuchte, kalkhaltige oder lehmige Böden auf Almwiesen, Weiden, Hochstaudenfluren und in Latschengebüschen. **Verbreitung:** In den Alpen in Höhen zwischen 1500 und 2500 m. In Europa außerdem in den Vogesen, im Jura und den nordspanischen Gebirgen zu finden; ferner in Asien und im westlichen Nordamerika.

Die Pflanze ist giftig.

Gelbe Alpen-Küchenschelle, Schwefel-Anemone

oben

Pulsatilla apiifolia gesch. (A, D); 10–40 cm, Mai–August

Merkmale: Bis auf die gelbe Blütenfarbe gleicht die Schwefel-Anemone der folgenden Art; vielfach wird sie auch als deren Unterart eingeordnet. **Standort:** Stets auf sauren Silikatböden, in Magerwiesen, Steinrasen oder Zwergstrauchheiden; kalkmeidend. **Verbreitung:** Hauptsächlich in den Zentralalpen von 1400–2700 m Höhe zu finden; in Deutschland nur in den Allgäuer Alpen; außerdem in den Pyrenäen.

Alpen-Küchenschelle

unten links Fruchtstand, rechts Blüten

Pulsatilla alpina gesch. (A, D); 10–50 cm, Mai–Juli

Merkmale: Die auf Kalk lebende Zwillingsart der Schwefel-Anemone. Das wohl auffälligste Merkmal der weißen Alpen-Küchenschelle ist die dichte, weiße Behaarung, die sich über alle Pflanzenteile zieht. An der Behaarung, an der Einzelblüte und am haarschopfartigen Fruchtstand läßt sich die Küchenschelle leicht vom Berghähnlein (s. vorige Doppelseite) unterscheiden. Eine ähnliche Art ist die kleinere und seltene Frühlings-Küchenschelle *(P. vernalis)*, die saure Böden liebt und auf trockenen Rasen und in Zwergstrauchbeständen vorkommt. Die Hochblätter der Alpen-Küchenschelle bilden eine trichterförmige, vielzipflige und stark behaarte Hülle; die weniger stark zerteilten Grundblätter erscheinen erst nach der Blüte. **Standort:** Die kalkliebende Pflanze braucht nährstoffreiche, lockere Böden in sonniger Lage. Bergwiesen, Steinrasen, Hochstaudenfluren und Latschengebüsche sind ihre bevorzugten Standorte. **Verbreitung:** In den südlichen und nördlichen Kalkalpen zwischen 1500 und 2500 m. Außerhalb der Alpen auf der Balkanhalbinsel, in den Karpaten und im Kaukasus zu finden.
Wie alle Pulsatillen, ist die Alpen-Küchenschelle giftig. In der Naturheilkunde wird sie homöopathisch bei Frauenleiden eingesetzt. Der charakteristische, haarschopfartige Fruchtstand der Küchenschelle wird von den Griffeln gebildet. Diese wachsen bei der Reife stark in die Länge und bilden so »Federschweifflieger«, die der Samenverbreitung dienen (s. Foto unten links).

Alpen-Waldrebe

oben; gesch. (D)

Clematis alpina

50–200 cm, Mai–Juli

Merkmale: Als kriechender oder kletternder Schlingstrauch mit verholzenden Trieben im blühenden Zustand nicht zu verwechseln. Die Farbe der großen, einzeln stehenden Blüten reicht von zartem, rötlichem Violett bis zu kräftigem Blau. Die Blätter der Gewöhnlichen Waldrebe *(C. vitalba)* sind unpaar gefiedert, im Gegensatz zu den doppelt dreizähligen Blättern der Alpenrebe. **Standort:** Nährstoffarme, schwach saure Kalk- oder Lehmböden, bevorzugt in halbschattiger Lage. In alpinen Gebüschen, am Waldrand und in lichten Wäldern, gern mit Lärche, Zirbel-Kiefer oder der Rostblättrigen Alpenrose vergesellschaftet; auch auf Blockhalden und Felsen, über die sie ebenso wie über Bäume und Sträucher klettert. **Verbreitung:** In den Alpen, vor allem den Ostalpen, bis 2300 m zerstreut zu finden. Durch Samenverbreitung über die Alpenflüsse ist sie aber auch bis ins Alpenvorland gewandert. Außerhalb der Alpen in den Pyrenäen und den osteuropäischen Gebirgen bis Nordasien sowie in Nordamerika beheimatet.
Die Alpenrebe ist schwach giftig.

Akeleiblättrige Wiesenraute

unten

Thalictrum aquilegifolium

50–150 cm, Mai–Juli

Merkmale: Typisch sind die büscheligen Blüten. Erst bei genauerem Hinsehen erkennt man, daß es sich bei den »Blütenblättern« in Wirklichkeit um die besonders kräftig entwickelten, weiß, rosa oder rot gefärbten Staubblätter handelt. Die eigentlichen Kronblätter fehlen. **Standort:** Als Nährstoff- und Nässezeiger oft zusammen mit Mädesüß und Alpendost in Grünerlengebüschen und an Bachufern. In Auwäldern, subalpinen Hochstaudenfluren und feuchten, laubholzreichen Bergwäldern. Liebt kalkhaltige, humose Ton- und Lehmböden. **Verbreitung:** Besonders in den südlichen und östlichen Alpen von den Tallagen bis in etwa 2300 m Höhe; im Nordwesten und Norden Mitteleuropas seltener. Ansonsten in Nordspanien, Norditalien und Zentralfrankreich zu finden.

Eisenhutblättriger Hahnenfuß

oben links

Ranunculus aconitifolius

20–50 cm, Mai–Juli

Merkmale: Von anderen weißblütigen Arten durch die zahlreichen, langstieligen Blüten zu unterscheiden. Sehr ähnlich ist der Platanenblättrige Hahnenfuß *(R. platanifolius)* mit kahlen Blütenstielen und stärker verwachsenen Grundblättern. Beide Arten sind nicht selten gemeinsam anzutreffen. **Standort:** In montanen und hochmontanen staudenreichen Wäldern, Läger- und Hochstaudenfluren sowie an Quellen und Bachufern. Bevorzugt nährstoffreiche und feuchte, lehmige Böden in feucht-kühler Klimalage. **Verbreitung:** In mittel- und südeuropäischen Gebirgen, in den Alpen und im Alpenvorland häufig, auch im Bayerischen Wald; in Höhenlagen bis 2000 m.

Alpen-Hahnenfuß

oben rechts

Ranunculus alpestris

5–15 cm, Juni–September

Merkmale: Sicherstes Merkmal sind die rundlichen bis nierenförmigen, glänzenden Grundblätter, die weniger tief eingeschnitten sind als bei anderen Arten. Noch rundlicher, fast schildförmig sind die Grundblätter beim Zweilappigen Hahnenfuß *(R. bilobus)*, der nur in den Judikarischen Alpen zwischen 1400 und 2000 m vorkommt, und beim Gekerbten Hahnenfuß *(R. crenatus)*, der Silikatböden braucht und in den Alpen nur in der Steiermark wächst. **Standort:** Die kalkliebende Pflanze findet sich in nahezu allen niedrigen Pflanzengesellschaften der alpinen Zone. Sie gedeiht auf nassen und nährstoffreichen Böden, in Schneetälchen und Karen, auf erddurchsetzten Schuttböden und feuchten Steinrasen. **Verbreitung:** Vorwiegend in den nördlichen Kalkalpen zwischen 1500 und 2800 m Höhe, weniger häufig in den Zentral- und Südalpen; in den Südostalpen weitgehend fehlend.

Gletscher-Hahnenfuß

unten links; gesch. (A)

Ranunculus glacialis

5–20 cm, Juli–September

Merkmale: Vom Alpen-Hahnenfuß an den dicklich-fleischigen, tief zerteilten Blättern zu unterscheiden. Außerdem ist die Außenseite der Kelchblätter fast immer dicht mit dunklen Haaren besetzt. **Standort:** Begnügt sich mit nährstoffarmen, aber feuchten Silikatschuttböden. Besiedelt als Pionierpflanze offene Steinschuttfluren und Moränenböden. Kalkmeidend. **Verbreitung:** Im Urgesteinbereich der Alpen. Als die am höchsten steigende Blütenpflanze der Alpen ist der Gletscher-Hahnenfuß in Höhenlagen bis über 4000 m anzutreffen.

Berg-Hahnenfuß

unten rechts

Ranunculus montanus

5–30 cm, Mai–September

Merkmale: Der 1–3blütige, runde Stengel ist meist behaart, die Grundblätter gestielt und glänzend. Auch die goldgelben, glänzenden Blüten sind am Blü-

(Fortsetzung S. 40)

Gelber Alpenmohn
oben; gesch. (A, CH)

Papaver rhaeticum
5–20 cm, Juli–August

Merkmale: Kleine, polsterbildende Pflanze mit steifhaarigen Stengeln. Eine Verwechslungsmöglichkeit besteht mit dem ebenfals in Polstern wachsenden Kerners Alpenmohn *(P. kerneri)*, der in Höhen um 2000 m auf Kalkschutt wächst; er hat jedoch unbehaarte Stengel. **Standort:** Wächst auf beweglichem Gesteinsschutt, wie Kiesbänken, Geröll, Moränen. Besiedelt Kalkgestein ebenso wie Silikat. **Verbreitung:** In den Südalpen, den südlichen Zentralalpen, in Tirol und in der Schweiz; in Höhenlagen von 1800–3000 m. In Europa sonst noch in den östlichen Pyrenäen zu finden.

Weißer Alpenmohn
Mitte; gesch. (A, CH, D)

Papaver sendtneri
5–20 cm, Juli–September

Merkmale: Wie der Gelbe Alpenmohn in Polstern wachsend. Ähnliche Arten sind der Westliche Alpenmohn *(P. occidentale)* mit kahlen Blättern, der in der Schweiz angesiedelt ist, Bursers Alpenmohn *(P. burseri)* mit mehrfach fiederteiligen Blättern (wächst vom Toten Gebirge bis zum Wiener Schneeberg) sowie Mayers Alpenmohn *(P. alpinum* ssp. *ernsti-mayeri)*, der in den Julischen Alpen und Abruzzen zu finden ist. **Standort:** Besiedelt Felsschutt oder Felsspalten, stets auf Kalk oder Dolomit. **Verbreitung:** Nur in den Nordalpen von der Zentralschweiz bis zum Dachstein; von 1300 bis über 2000 m Höhe.

Gelber Lerchensporn
unten

Corydalis lutea
10–30 cm, Mai–August

Merkmale: Die typische Blütenform des Lerchensporns ist allgemein bekannt (s. Foto). Dies ist die einzige kräftig-gelb blühende Art Mitteleuropas. Der reich beblätterte Stengel trägt lauchgrüne, dreifach dreizählige Blätter. Im Gegensatz zum Hohlen Lerchensporn besitzt der Gelbe keine Knolle. **Standort:** In Felsspalten und auf Felsschutt zu finden. Fast immer auf Kalk, aber auch auf Silikatgestein. **Verbreitung:** In den Südalpen bis 1700 m Höhe. An vielen Orten Mittel- und Westeuropas eingebürgert.

(Fortsetzung von S. 38)
tenboden behaart. Es gibt eine ganze Reihe ähnlicher, schwer zu unterscheidender Arten. **Standort:** Auf alpinen oder subalpinen Weiden, in Moorwiesen, lichten Kiefern- oder Laubwäldern. Bevorzugt feuchte, nährstoffreiche, meist kalkhaltige, humose Lehmböden. **Verbreitung:** In den Kalkgebieten der Alpen relativ häufig, besonders in den Nordalpen; bis 2800 m ansteigend. Außerhalb der Alpen im Schwarzwald zu finden, sonst selten.
Giftig.

Langstieliges Hornkraut

oben

Cerastium pedunculatum 2–6 cm, Juni–August

Merkmale: Hornkräuter und Mieren sind relativ unscheinbare, meist zarte Pflanzen mit kleinen vier- oder fünfzähligen weißen Blüten. Die zahlreichen Arten sind oft nicht leicht zu unterscheiden. Das schwach behaarte Langstielige Hornkraut (dessen Name im Widerspruch zu seinem niedrigen Wuchs steht), wächst lockerrasig. Die schmalen, starren Blätter stehen dicht beisammen. Die weiße, glockenförmige Blüte (1–2 cm Durchmesser) überragt den Kelch um etwa ein Drittel. Ähnliche Arten sind das polsterförmig wachsende Einblütige Hornkraut (*C. uniflorum*; hauptsächlich in den Zentralalpen) mit weit becherförmigen Blüten und eiförmigen Blättern sowie das Breitblättrige Hornkraut *(C. latifolium)* mit spitzen Blättern und größeren Blüten (wächst in den Alpen westlich des Inn auf Felsschutt und in Felsspalten). **Standort:** Kalkarme, feuchte Steinschutt- und Moränenböden der Zentralalpen. **Verbreitung:** Voarlberg, Tirol, Schweiz in Höhen von etwa 2000–3000 m.

Moos-Nabelmiere

Mitte

Moehringia muscosa 5–20 cm, Mai–September

Merkmale: Die lockerrasig wachsende Pflanze ist an ihren sehr zarten, niederliegenden bis hängenden und erst am Ende aufsteigen Stengeln sowie an den fadenförmigen Blättern gut zu erkennen. In den Südalpen wächst die Fleischige Nabelmiere *(M. bavarica)* mit fleischigen Blättern. Ähnliche Arten sind außerdem die Fetthennenblättrige Nabelmiere *(M. sedifolia)* mit fleischigen, kurzen Blättern und nur in den Seealpen beheimatet, sowie Markgrafs Nabelmiere *(M. markgrafii)* mit dicklichen Stengelblättern und kürzeren Blütenkronblättern (nur in den Brescianer Voralpen). **Standort:** Die Pflanze ist in schattig-feuchten Felsspalten- und Steinschutt-Gesellschaften der subalpinen Stufe zu finden. In Schluchtwäldern, auf Geröll, fast immer auf Kalk. **Verbreitung:** Kalkgebiete der Alpen bis über 2300 m, Alpenvorland.

Kriechendes Gipskraut

unten

Gypsophila repens 10–30 cm, Mai–September

Merkmale: Die blaugrün bereifte Pflanze bildet Polster von lockerrasigem Wuchs. Eine Verwechslungsmöglichkeit besteht mit der Steinbrech-Felsennelke *(Petrorhagia saxifraga)*. Diese hat trockene, schuppenförmige Blätter am Grund des Kelches und schildförmige, am Rand verdickte Samen. **Standort:** Im offenen Kalkschutt der alpinen Stufe, auf feuchtem, bewegten Steinschutt- oder Geröllboden, aber auch in lückigen Rasen, lichtem Latschengebüsch und jungen Kiefernwäldern. Die Pflanze ist als sogenannter Alpenschwemmling im offenen Kies der Alpenflüsse anzutreffen, häufig zusammen mit Weidenröschen und Pestwurz. **Verbreitung:** Kalkgebiete der Alpen von etwa 1000 bis über 3000 m Höhe, sowie in anderen europäischen Gebirgen (Harz, Jura, Pyrenäen, nordspanische Gebirge, Auvergne).

Rotes Seifenkraut

oben

Saponaria ocymoides

10–30 cm, Mai–Oktober

Merkmale: Die Blütenfarbe der polsterbildenden Pflanze variiert von hell- bis intensiv purpurrot. Die Blüten fühlen sich klebrig an. **Standort:** Die wärmeliebende Pflanze wächst in Kiefernwäldern, Latschengebüschen und auf subalpinen Rasen, Geröll und Felshängen. Sie liebt kalkreiche, lockere und steinige Böden in wärmeren Lagen. **Verbreitung:** In den Süd- und Westalpen von Tallagen bis über 2000 m, in den Nordalpen nur in wärmeren Gebieten. In südlichen Gebirgen von Spanien bis Jugoslawien.

Stein-Nelke

Mitte; gesch. (A, D)

Dianthus sylvestris

10–40 cm, Juni–September

Merkmale: Die Stein-Nelke wächst in Polstern oder Rasen. Die Art ist sehr variabel: In höheren Lagen bildet sie Formen mit kurzen, einblütigen Stengeln, in tiefern Lagen sind die Stengel oft mehrblütig. **Standort:** Auf Felsschutt und lückigen Rasen oder Heiden anzutreffen. Liebt warme und trockene, sonnige Standorte; meist auf Kalk. Düngerfliehend. **Verbreitung:** Zerstreut im gesamten Alpengebiet zwischen 1000 und 2800 m. Im übrigen Europa von Spanien bis Griechenland.

Die Pflanze wird bevorzugt von Schmetterlingen besucht.

Alpen-Nelke

unten; gesch. (A, D)

Dianthus alpinus

3–20 cm, Juni–September

Merkmale: Von der Stein-Nelke unterscheidet sich die ebenfalls in Polstern oder lockeren Rasen wachsende Alpen-Nelke durch die derberen, eiförmigen Blätter und die größeren, meist einzeln stehenden Blüten. Ähnliche Arten sind die <u>Gletscher-Nelke</u> *(D. glacialis)* mit kleineren Blüten und schmaleren Blütenblättern, die auf lückigen Rasen eher über sauren Böden (Zentralalpen) wächst. Ferner die <u>Übersehene Nelke</u> *(D. pavonius)* mit sehr schmalen Blättern, die man auf trockenen, steinigen Standorten der Westalpen findet. **Standort:** Auf lückigen Rasen, in Gebüschen und Zwergstrauchbeständen. Braucht nährstoffreichen Boden; stets auf Kalk. **Verbreitung:** Nur in den nordöstlichen Kalkalpen von etwa 1000–2000 m.

Stengelloses Leimkraut

oben; gesch. (A, D)

Silene acaulis

1–3 cm, Juni–September

Merkmale: Den sehr kurz-, also scheinbar ungestielten Blüten verdankt die Pflanze ihren Namen. Sie wächst in flachen, dichten Polstern, die zur Blütezeit kräftige Farbakzente setzt. Es gibt noch zwei sehr ähnliche Unterarten: Das Stiellose Leimkraut *(S. acaulis* ssp. *exscapa)*, das in lückigen Seggenrasen der Zentrallapen vorkommt, und das Mont-Cenis-Leimkraut (*S. acaulis* ssp. *cenisia*; auf Felsschutt und in lückigen Rasen der Südwestalpen). **Standort:** Besiedelt als Pionierpflanze Felsspalten, Grate und Felsschutt, ist aber auch auf Rasen zu finden; kalkliebender Tiefwurzler. **Verbreitung:** In den Kalkalpen häufig, seltener auf Urgestein; bis über 3700 m. Sonst von den Pyrenäen bis zur Balkanhalbinsel und zum Ural.

Felsen-Leimkraut

Mitte; gesch. (A, D)

Silene rupestris

10–25 cm, Juni–August

Merkmale: Von anderen weißblühenden Nelken unterscheidet sich das Felsen-Leimkraut vor allem durch die blaugrüne Farbe von Stengeln und Blättern. Verwechselt werden kann es besonders mit den drei Arten des Strahlensamens, die unten beschrieben sind. **Standort:** Häufig in Pioniergesellschaften zu finden, die Felsspalten, Erdanrisse und Mauerkronen des Silikatgebirges besiedeln; aber auch auf Steinrasen und in Zwergstrauchheiden. Bevorzugt nährstoffarme, trockene Stein-, Lehm- oder Sandböden; kalkmeidend. Meist mit anderen Nelken vergesellschaftet. **Verbreitung:** Zerstreut in den Zentral- und Südalpen zwischen 1500 und 2500 m anzutreffen, in den Kalkalpen selten; sonst in weiten Teilen Europas.

Vierzähniger Strahlensame

unten; gesch. (A)

Heliosperma quadridentata

5–20 cm, Juli–September

Merkmale: Die Pflanze bildet lockerrasige Polster mit aufrechten, dünnen Stengeln, die im oberen Teil klebrig sind. Ähnliche Arten sind der größere und kräftigere Alpen-Strahlensame (*Silene alpestris*; auf feuchten, steinigen Böden und Pionierrasen; häufig) und der Wollige Strahlensame (*Silene veselskyi*; in luftfeuchten Felsspalten auf Kalk; nur in den südlichen Kalkalpen), bei dem Stengel und Kelch mit Haaren besetzt sind. **Standort:** Die Pflanze liebt kalkhaltige, gut durchsickerte Steinböden: Quellfluren, überrieselte Felsen, Bachgeröll und Rinnsale. **Verbreitung:** In Höhen von 1500–2500 m, aber auch bis 500 m herabgeschwemmt, vor allem in den Zentral- und Südalpen und im Voralpenland; in den Kalkalpen selten.

Alpen-Ampfer

oben

Rumex alpinus

50–200 cm, Juni–August

Merkmale: Von den übrigen Ampfer-Arten hebt sich der Alpen-Ampfer nicht nur durch die stattliche Größe, sondern auch durch die Form seiner Grundblätter ab; sie sind sehr breit, mit herzförmigem Grund und abgerundeter Spitze. **Standort:** Auf Viehlägern und in der Umgebung von Bauernhöfen, Alm- und Sennhütten stets zu finden. Liebt stickstoffreiche Böden, daher Überweidungszeiger. **Verbreitung:** In den Alpen und im Alpenvorland von 1500–2500 m Höhe; auch in anderen Gebirgen Mittel- und Südeuropas.
Der Alpen-Ampfer ist als Weideunkraut unbeliebt. Früher wurde er als Gemüse oder Salat gegessen; wahrscheinlich stellt er die älteste Gemüsepflanze der Alpenbewohner dar. Liebhaber von Wildkräutern essen noch heute die jungen, gleich nach der Schneeschmelze geschnittenen Blätter als spinatähnliches Gemüse.

Schild-Ampfer

unten links

Rumex scutatus

10–60 cm, Mai–Juli

Merkmale: Zur Unterscheidung der verschiedenen, teilweise sehr ähnlichen Ampfer-Arten betrachtet man am besten die Grundblätter. Beim Schild-Ampfer sind sie rundlich schildförmig (Name!) mit spitzem Ende und am Grund tief eingeschnitten. Der Alpen-Säuerling *(Oxyria digyna)*, auf kalkarmen, feuchten Böden in den Alpen häufig, hat nierenförmige Grundblätter; die des Schnee-Ampfers *(R. nivalis)* sind spießförmig und stumpf (wächst in Schneetälchen, nur in den Kalkalpen vom Berner Oberland bis zu den Julischen Alpen). **Standort:** Besiedelt Steinschutt- und Geröllfluren, Mauern und Steinbrüche in sonniger Lage und stellt keine hohen Ansprüche an den Säuregrad des Bodens. Charakterpflanze der Felsschutt-Gesellschaften der subalpinen Stufe und tieferer Lagen. **Verbreitung:** Im gesamten Alpenraum von Tallagen bis 2700 m Höhe; auch in anderen Gebirgen Mittel- und Südeuropas. Vom Schild-Ampfer gibt es zahlreiche Bastarde mit anderen Arten, die sich einer eindeutigen Bestimmung meist entziehen.

Knöllchen-Knöterich, Lebendgebärender Knöterich

Polygonum viviparum

unten rechts; 5–30 cm, Juni–August

Merkmale: Der Name ist auf die Brutknospen (Bulbillen) zurückzuführen, die als rotbraune Gebilde im unteren Teil ds Blütenstandes die Blüten ersetzen; sie fallen ab und wachsen zu neuen Pflanzen heran. Diese Art der Vermehrung nennt man vegetativ, da ihr keine Bestäubung und damit Befruchtung vorangegangen ist. **Standort:** In nahezu allen Pflanzengesellschaften der Alpen zu finden: in alpinen Magerrasen, in Gebüschen, Mooren, lichten Wäldern, auf steinigen Matten. Bevorzugt kalkarme Stein- und Lehmböden. **Verbreitung:** Von den Tallagen bis etwa 3000 m; außerdem in ganz Eurasien sowie in Nordamerika beheimatet.

Alpen-Grasnelke

Armeria maritima

oben links; gesch. (A, CH, D)
20–30 cm, Juni–September

Merkmale: Die dichtwachsenden Polster mit den grasartigen Blättern und rosa Blüten sind leicht zu erkennen. **Standort:** Wächst auf Felsschutt, steinigen Böden und offenen Rasen. Braucht eher trockenen Untergrund; besonders auf Kalk. **Verbreitung:** Außer in den Alpen in mittel- und südeuropäischen Gebirgen in Höhen zwischen 1500 und 3000 m. Eine Unterart ist auf Sandflächen der Küsten zu finden.
Von der Alpen-Grasnelke wurden viele Gartenformen gezüchtet.

Zistrosengewächse Cistaceae

Alpen-Sonnenröschen

Helianthemum alpestre

oben rechts
10–15 cm, Juni–August

Merkmale: Der Zwergstrauch mit den leuchtend-gelben Blüten besitzt beiderseits grüne, nur spärlich borstig behaarte Blätter und bildet mit blütenlosen, rosettig niederliegenden Sprossen lockere Polster. Ähnliche Arten sind das Gewöhnliche Sonnenröschen *(H. nummularium)* mit großen Blüten und Nebenblättern (in den Alpen verbreitet) und das Seealpen-Sonnenröschen (*H. lunulatum*) mit langgestielten Blüten (nur in den italienischen Seealpen). **Standort:** Sonnige alpine Steinrasen auf frischen, kalkreichen Böden, in Höhen von 1600–2500 m. **Verbreitung:** Besonders in den Kalkalpen bis 2500 m ansteigend.
Das Sonnenröschen ist in vielen, kaum unterscheidbaren Formen in ganz Europa bis Kleinasien sowie in Nordafrika verbreitet.

Pfingstrosengewächse Paeoniaceae

Pfingstrose

Paeonia officinalis

unten; gesch. (CH, D)
40–100 cm, Mai–Juni

Merkmale: Als Garten- und Zierpflanze allgemein bekannt. Ganz vereinzelt findet man in den Alpen auch die aus Gärten verwilderte Großblättrige Pfingstrose *(P. mascula)* mit einfach oder doppelt dreiteiligen Blättern und meist 5 Fruchtknoten. **Standort:** Auf felsigen Berghängen, in lichten Wäldern und lichtem Gebüsch, auf grasreichen Hochstaudenfluren. **Verbreitung:** Recht selten in den Südalpen (Tessin, Südtirol, Krain). In Südeuropa von Portugal bis Albanien häufiger.
Blüte und Frucht der Pflanze sind leicht giftig. Hippokrates empfahl Wurzel und Samen gegen Menstruationsbeschwerden, Hysterie und Durchfall. Heute werden die Wurzelknollen gegen Krämpfe verwendet; sie enthalten ein Alkaloid, das tonisierend auf die Blutzirkulation wirkt.

Langsporniges Veilchen (Stiefmütterchen)

oben; gesch. (A, D)

Viola calcarata

5–10 cm, Mai–September

Merkmale: Die zahlreichen Zuchtformen des Veilchens sind wohl jedem aus dem Garten bekannt. Vom Langspornigen Veilchen gibt es im gesamten Alpengebiet verschiedene Unterarten. Eine ähnliche Art ist das Alpen-Veilchen *(V. alpina)* mit grundständigen Blüten und zur Hälfte mit dem Blattstiel verwachsenen Nebenblättern (in den österreichen Alpen zwischen Traun und Wiener Schneeberg). **Standort:** In Schneerunsen und Magerrasen sowie in Feinschuttfluren der alpinen Stufe. Braucht nährstoffreiche, humose Böden. **Verbreitung:** Von 1500 bis etwa 3000 m überwiegend in den Nordalpen.
Die Blüten werden als schleimlösendes Mittel bei Bronchitis und verschiedenen Störungen der Atemwege verwendet.

Zweiblütiges Veilchen

unten; gesch. (A)

Viola biflora

5–20 cm, Mai–August

Merkmale: Als einziges gelbes Veilchen unverwechselbar. In der Regel trägt jeder Hauptstengel zwei Blüten (Name!). **Standort:** In staudenreichen Bergwäldern oder Grauerlen-Auen der subalpinen Stufe, in Hochstaudengebüschen und Hochstaudenfluren, auf Steinschutt. Die Pflanze braucht nährstoffreiche, feuchte Böden und ist kalkstet. **Verbreitung:** Häufig in den Alpen und im Alpenvorland, besonders in den nördlichen und südlichen Kalkalpen. In Höhenlagen von 1500–2500 m. Auch im Elbsandsteingebirge anzutreffen; außerhalb der Alpen in allen europäischen und asiatischen Gebirgen sowie in Nordamerika.

Weiße Zahnwurz, Quirlblättrige Zahnwurz

oben links

Cardamine (Dentaria) enneaphyllos

20–30 cm, Mai–August

Merkmale: Gut zu erkennen an den in einer nickenden Traube angeordneten, weißlich-gelben Blüten. Unter dem Blütenstand ein Quirl von dreiteiligen Blättern. Die Grundblätter fehlen zur Blütezeit meist. Ein weiterer oft weiß (bis blaßlila) blühender Vertreter der Gattung Zahnwurz ist die im westlichen Alpenvorland wachsende Fieder-Zahnwurz *(C. heptaphyllos)*. **Standort:** Die anspruchsvolle Pflanze wächst in krautreichen Buchenwäldern, Mischwäldern und Hochstaudenfluren; seltener auf Felsschutt oder in Grünerlenbeständen. **Verbreitung:** Allgäuer Alpen, Bergamasker Alpen und besonders in den östlichen Kalkalpen. Ferner im Bayerischen Wald und in der Fränkischen Alb. In Höhen von 600–1500 m. Außerhalb der Alpen auch in den Karpaten und im Apennin anzutreffen.

Finger-Zahnwurz, Rote Zahnwurz

oben rechts

Cardamine (Dentaria) pentaphyllos

25–50 cm, April–Juli

Merkmale: Ähnlich der Weißen Zahnwurz (s.oben), aber mit rotvioletten Blüten. Der Blütenstand ist vor dem Aufblühen nickend, dann öffnen sich die Blüten nach oben. Ähnlich ist die Zwiebeltragende Zahnwurz *(C. bulbifera)*, in deren Blattachseln schwärzliche Brutknospen sitzen. **Standort:** Besiedelt ebenso wie die Weiße Zahnwurz krautreiche Laub- und Mischwälder. **Verbreitung:** Bis etwa 2000 m Höhe, besonders in den Nordalpen. Im Alpenvorland, Jura, Schwarzwald und am Bodensee sowie in den Pyrenäen.

Alpen-Gänsekresse

unten

Arabis alpina

10–40 cm, März–Oktober

Merkmale: Die Pflanze ist mit einfachen und gegabelten Haaren bewachsen und fühlt sich rauh an. Die gezähnten Grundblätter sind in einer Rosette angeordnet. **Standort:** In Steinschuttfluren und feuchten Felsspalten der subalpinen und alpinen Stufe; in tieferen Lagen auch in Schluchtwäldern, an beschatteten Felsen oder herabgeschwemmt im Flußkies. Bevorzugt kalkhaltige, wenig humose Böden. **Verbreitung:** In den Kalkgebieten der Alpen von 500–3000 m verbreitet; mit den Flüssen auch weit ins Alpenvorland eingewandert. In europäischen Gebirgen und in der Arktis.

Immergrünes Felsenblümchen

oben; gesch. (A, D)

Draba aizoides

5–10 cm, April–August

Merkmale: Die Pflanze wächst in kleinen Rasen, wobei die ledrigen Blätter dichte Rosetten bilden. Mehrere ähnliche Arten sind an verschiedene Standorten der Alpen zu finden. Besonders ist unsere goldgelb blühende Art mit Sauters Felsenblümchen (hellgelb blühend) zu verwechseln. **Standort:** An sonnigen Felsen, in Felssspalten oder auf Steinrasen. Oft mit Kugelschötchen oder Steinschmückel (s. unten) vergesellschaftet. Braucht kalkreiche, mäßig saure Steinböden in sonniger Lage. **Verbreitung:** Bis über 3000 m Höhe in den Alpen; im Jura, in den Pyrenäen und im Balkan.

Steinschmückel

Mitte; gesch. (A, D)

Petrocallis pyrenaica

2–10 cm, Juni–Juli

Merkmale: Der Steinschmückel bildet flache, lockere Polster, und seine Blüten sitzen ähnlich wie beim Stengellosen Leimkraut (s. S. 46) auf sehr kurzen Stengeln. Von diesem ist er an den rosettenförmig angeordneten, keilförmigen, 3–5spaltigen Blättern, den typischen Kreuzblüten mit nur 4 Kronblättern und an seinem Duft zu unterscheiden. **Standort:** In Felsspalten, auf Steinrasen oder auf Pionierrasen, oft zusammen mit dem Immergrünen Felsenblümchen (s. oben). Liebt trockene, feinerdearmes Kalk- oder Dolomitgestein. **Verbreitung:** In den Kalkgebieten der Alpen, besonders in den Nordalpen, zwischen 1700 und 3000 m; außerdem in den Pyrenäen.

Rundblättriges Täschelkraut, Hellerkraut

unten

Thlaspi rotundifolium

5–15 cm, Juni–September

Merkmale: Von der rosa- bis hellviolett blühenden Pflanze gibt es zahlreiche, gleichfarbig oder weiß blühende Unterarten; deren Verbreitung in den Alpen ist noch ungenügend bekannt. Erkennbar als Täschelkraut sind sie an den charakteristischen scheibenförmigen Schötchen. **Standort:** Die kalkliebende Pflanze braucht feuchte und humusarme Böden; sie besiedelt als sogenannter Schuttwanderer alpine Steinschuttfluren. **Verbreitung:** Fast ausschließlich in den Kalkalpen über 1500 m anzutreffen.

Die Blätter haben einen scharfen, kresseähnlichen Geschmack und werden gern von Gemsen gefressen; deshalb manchmal fälschlicherweise als Gemskresse bezeichnet.

Alpen-Gemskresse

oben

Hutchinsia alpina

5–15 cm, April–August

Merkmale: Wichtiges Merkmal sind die unterschiedlich geformten Blätter: Die untersten Blätter sind fast ungeteilt, die übrigen fiederschnittig. Eine Unterart, die Kurzstengelige Gemskresse *(H. alpina* ssp. *brevicaulis)*, ist an dem dichteren Blütenstand und den schmaleren Kronblättern zu erkennen (auf kalkärmeren Böden, oft in Schneetälchen, fast nur in den Zentralalpen). Die Felsen-Gemskresse *(Hornungia petraea)* unterscheidet sich von der Alpen-Gemskresse durch die Blätter, die alle fiederteilig sind und auch den Stengel besetzen. **Standort:** In alpinen Steinschuttfluren, aber auch in tieferen Lagen im Flußgeschiebe als Alpenschwemmling anzutreffen. Häufig zusammen mit Täschelkraut. Kalkliebend. **Verbreitung:** In den Kalkgebieten der Alpen zwischen 600 und etwa 3000 m. Auch in den Pyrenäen und Karpaten.
Soll von Gemsen gern gefressen werden.

Brillenschötchen

unten links Früchte, rechts Blüten; gesch. (D)

Biscutella laevigata

15–30 cm, Mai–August

Merkmale: Die Pflanze verdankt ihren Namen der Frucht, einem flachen, »brillenförmigen« Doppelschötchen. Ein wichtiges Merkmal sind auch hier die unterschiedlich geförmten Blätter: Während die länglichen, gezähnten Grundblätter an Stielen sitzen, sind die kleineren Stengelblätter ungestielt. **Standort:** Häufig auf alpinen und subalpinen Steinrasen, seltener in Felsspalten und auf Geröll. Auch in Quellmooren des Alpenvorlandes zu finden. Braucht sommerwarme, mäßig trockene, humose Steinböden. **Verbreitung:** Im ganzen Alpenraum (besonders in den Kalkalpen) von 500–2500 m in mehreren, schwer unterscheidbaren Sippen anzutreffen. Auch in den Pyrenäen und Karpaten.

Stumpfblättrige Weide, Teppich-Weide

oben; gesch. (A)

Salix retusa

10–30 cm, Mai–Oktober

Merkmale: Als kriechender Spalierstrauch mit knorrigen, reich verzweigten, wurzelnden Ästen gut zu erkennen. Mehrere ähnliche Arten sind im Alpenraum verbreitet. **Standort:** Auf schneebedeckten, kalkreichen Böden, Pionierpflanze auf Schutt. Charakterart der Spalierweiden-Gesellschaften. **Verbreitung:** In Höhen von etwa 1500–2500 m in den Alpen und im Jura, den Pyrenäen und dem Apennin.

Netz-Weide

unten links; gesch. (A)

Salix reticulata

10–30 cm, Juli–September

Merkmale: Reich verzweigter Spalierstrauch mit wurzelnden Ästen. Von der Stumpfblättrigen Weide und ähnlichen Arten ist die Netz-Weide an den größeren Blättern zu unterscheiden, die durch die eingesenkten Nerven runzlig wirken. **Standort:** In Schneetälchen und lange schneebedeckten Latschengebüschen oder Spalierweiden-Rasen. Bevorzugt kalkhaltige und feuchte Stein- oder Feinschuttböden. **Verbreitung:** Im gesamten Alpenraum nur über der Waldgrenze bis etwa 3000 m Höhe anzutreffen. Ebenso im arktischen Europa, in Asien und Amerika.

Kreuzdorngewächse Rhamnaceae

Zwerg-Kreuzdorn

unten rechts

Rhamnus pumilus

5–20 cm, Mai–Juli

Merkmale: Der dornenlose Spalierstrauch ist an der faltigen Rinde und den stark gebogenen, dem Boden angepreßten Ästen zu erkennen. Die kräftig gerippten Blätter sind wechselständig und variabel geformt, die Blüten können unvollständig sein. Ähnliche Arten sind der 50–100 cm hohe Felsen-Kreuzdorn *(R. saxatilis)* mit gegenständigen, lanzettliche Blättern und oft dornigen Zweigen (an trockenen Standorten tieferer Lagen). Der Alpen-Kreuzdorn *(R. alpinus)* wächst dagegen als aufrechter Strauch mit behaarten Zweigen und Knospenschuppen in Felsschutt, Hecken und lichten Wäldern zwischen 600 und 2000 m. **Standort:** An sonnigen Kalkfelsen und in feinerdearmen Felsspalten zu finden. **Verbreitung:** Von den Tallagen bis um 3000 m in den gesamten Alpen (besonders den Kalkalpen); auch in den Pyrenäen und im Apennin.

Steinröschen

oben; gesch. (A, D)

Daphne striata

10–40 cm, Mai–August

Merkmale: Der immergrüne Zwergstrauch mit den duftenden Blüten ähnelt einer kleinen Alpenrose (s. S. 70). Das ähnliche, häufigere Heideröschen *(D. cneorum)* ist stärker behaart (in lichten Kiefernwäldern, auf Halbtrockenrasen und auf Geröll bis über 2000 m); das Felsröschen *(D. petraea)* kommt als Spalierstrauch nur in den Südalpen zwischen Idro- und Gardasee vor. Zur Verwandtschaft gehört auch der aufrecht wachsende Seidelbast *(D. mezereum)*, auch außerhalb der Alpen allgemein bekannt, sowie der weißblütige, sehr seltene Alpen-Seidelbast *(D. alpina)*. **Standort:** Das Steinröschen gedeiht auf offenen Rasen und alpinen Matten, auf Felsschutt oder in Latschengebüsch. Es braucht magere, feuchte, aber sonnige Böden; meist auf Kalk. **Verbreitung:** In den Kalkalpen und im Allgäu in Höhenlagen zwischen 1000 und 2500 m, jedoch sehr selten anzutreffen.
Alle Seidelbastgewächse sind sehr giftig.

Wintergrüngewächse Pyrolaceae

Einblütiges Wintergrün, Moosauge

unten

Moneses uniflora

5–15 cm, Mai–August

Merkmale: Unverwechselbar, vor allem durch die auffällige Blüte. **Standort:** In bodensauren Wäldern, das heißt fast ausschließlich in Nadelwäldern, im Moos und in Zwergstrauchheiden. Schattenpflanze. **Verbreitung:** Fast in ganz Europa von Tallagen bis 2000 m Höhe, aber selten.
Die Pflanze ist giftig.

Immergrüne Bärentraube, Arznei-Bärentraube

Arctostaphylos uva-ursi oben links Blüten, rechts Beeren; gesch. (D)
20–60 cm, März–Juli

Merkmale: Der reichverzweigte, kriechende Strauch bildet dichte Teppiche mit immergrünen Blättern. Aus den weißen, glockenförmigen Blüten gehen später rote Beeren hervor. Leicht zu verwechseln ist er mit der Alpen-Bärentraube *(A. alpina)*. Diese hat blauschwarze Beeren, gezähnte Blätter und ist sommergrün (auf Felsschutt und in Pionierrasen in den Alpen verbreitet, meist über 1500 m). Die Blütenkrone der Preiselbeere *(Vaccinium vitis-idaea)* ist weit glockenförmig und weiß bis rosa gefärbt (in den Alpen häufig; auf sauren, trockenen Böden, in Zwergstrauchbeständen und in Latschengebüsch). Auch die Rauschbeere (s. unten) kann mit der Bärentraube verwechselt werden. **Standort:** In lichten Kiefernwäldern und in Zwergstrauchbeständen, auf Heiden, auch auf Felsschutt. Liebt sommerwarme, trockene, eher saure Böden in kontinentaler Klimalage. **Verbreitung:** In den Alpen bis 2700 m verbreitet, gebietsweise aber auch selten (Kalkgebiete). Besiedelt fast ganz Europa und große Gebiete Asiens und Nordamerikas.
In der Volksmedizin sind die Blätter der Bärentraube schon lange als Tee gegen Blasen- und Nierenleiden bekannt, wie die Volksnamen Blasenkraut und Harnkraut zeigen. Der hohe Gerbstoffgehalt hat eine aseptische Wirkung auf die Harnwege.

Rauschbeere

unten links Blüten, rechts Beeren
Vaccinium uliginosum 20–50 cm, März–Juli

Merkmale: Aufrechter Strauch mit glockig nickenden, rötlich überlaufenen Blüten. Die blaugrünen, ovalen Blätter verfärben sich im Herbst rot und fallen dann ab. Die blauschwarzen Beeren sehen der Frucht der Heidelbeere *(V. myrtillus)* täuschend ähnlich, schmecken auch ähnlich; Fleisch und Saft sind aber hell. **Standort:** Begnügt sich mit sauren Böden in Hochmooren, Bergwäldern und Zwergstrauchbeständen. Wurzelt auch im Rohhumus. **Verbreitung:** In den Alpen, besonders in den Zentralalpen, häufig und bis über 3000 m aufsteigend. Auch im Alpenvorland, im Mittelgebirge und in der Oberrheinebene.
Der Name der Pflanze leitet sich von der umstrittenen Giftwirkung der Beeren ab, die bei übermäßigem Genuß halluzinogen wirken können. In der Volksmedizin wurden die Beeren bei Durchfall verwendet.

Rosmarinheide, Gränke

oben; gesch. (A)

Andromeda polifolia

15–30 cm, Mai–August

Merkmale: Der kriechende, nicht behaarte Halbstrauch mit den schmal-lanzettlichen Blättern (Name!) und den nickenden, kugeligen Blüten ist ausgesprochen selten. An ihrem Standort entdeckt man die meist nur handhohen Pflanzen leicht durch den silbrigen Glanz der Blattunterseiten. **Standort:** Braucht nassen, sauren und nährstoffarmen Torfboden, wächst daher vor allem in Hochmooren (auf Torfmoosen). **Verbreitung:** Im nördlichen Teil der Alpen und im Alpenvorland bis etwa 1400 m.
Die Pflanze ist giftig.

Schnee-Heide

unten

Erica herbacea

15–30 cm, März–Juni

Merkmale: Der Zwergstrauch mit den traubigen Blütenständen kann in den Alpen mit dem Heidekraut *(Calluna vulgaris)* verwechselt werden. Im Gegensatz zu diesem sind die größeren Blätter der Schnee-Heide nicht dachziegelartig, sondern in Quirlen angeordnet, und die Kelchblätter sind etwa halb so lang wie die Krone (beim Heidekraut sind die rosaroten Kelchblätter deutlich länger wie die Krone). **Standort:** Auf Felsschutt, Rasen, in Latschengebüschen und lichten Kiefernbeständen. Liebt mäßig trockene, humose Böden. **Verbreitung:** In den Alpen und im Alpenvorland von Tallagen bis über die Baumgrenze ansteigend. Verstreut im Bayrischen Wald und im Jura.
Als Zierpflanze in Gärten und auf Friedhöfen häufig angepflanzt. In der Naturheilkunde wird die Schnee-Heide bei Erkrankungen der Harnwege und gegen Rheuma eingesetzt.

Alpen-Azalee, Gemsheide

oben

Loiseleuria procumbens

5–30 cm, Juni–Juli

Merkmale: Die kriechende Pflanze bildet dichte Teppiche. Erkennbar ist sie an den weit geöffneten, glockenförmigen Blüten und den ledrigen, immergrünen Blättern mit nach unten gebogenem Rand. **Standort:** In Spalier- und Zwergstrauchheiden, vor allem über der Knieholzstufe; auf Felsschutt und schneefreien Graten, hier oft bestandbildend. Liebt saure, nährstoffarme Steinböden; stets auf Silikat oder Rohhumus. Oft in sehr rauher Klimalage anzutreffen. **Verbreitung:** Besonders in den Zentralalpen in Höhen von 1500–3000 m; örtlich bestandbildend. In den Hochgebirgen Europas und Asiens sowie in der Arktis.

Zwerg-Alpenrose, Zwergröserl

unten; gesch. (A, D)

Rhodothamnus chamaecistus

10–30 cm, Mai–Juli

Merkmale: Die Blätter dieses locker verzweigten Zwergstrauches sind immergrün und bewimpert. Die schönen, recht stattlichen Blüten stehen meist paarweise auf langen, drüsig behaarten Stielen. **Standort:** In Felsspalten und auf Felsschutt, seltener im Latschen- und Alpenrosengebüsch. Stets auf Kalk oder Dolomit. **Verbreitung:** Ostalpen vom Comer See und vom Allgäu ostwärts, in Höhenlagen von etwa 500 bis über 2000 m.

Bewimperte Alpenrose, Almrausch

oben; gesch. (A, D)

Rhododendron hirsutum

50–100 cm, Juni–August

Merkmale: Unverwechselbares Merkmal des reichverzweigten Strauchs sind die immergrünen Blätter mit den kurzen, breiten Zähnen und den langen, borstigen Haaren. **Standort:** Wächst gesellig in Latschenbeständen, Zwergstrauchheiden und lichten Kiefernwäldern, auch auf Felsschutt. Braucht kalkhaltige, eher trockene und steinige Böden. **Verbreitung:** In den Kalkgebieten der mittleren und östlichen Alpen und im Alpenvorland in Höhenlagen von 600 bis über 2500 m.

Im Berührungsgebiet der Bewimperten und der Rostblättrigen Alpenrose (unten) ist häufig eine Bastardform, *R. intermedium*, zu finden. Der Gattung gehören zahlreiche Ziersträucher an.

Rostblättrige Alpenrose

unten; gesch. (A, D)

Rhododendron ferrugineum

50–100 cm, Mai–August

Merkmale: Von der Bewimperten Alpenrose durch die derb-ledrigen, kahlen, unterseits rostfarbenen Blätter zu unterscheiden, deren Rand nach unten gerollt und ohne Borstenhaare ist. **Standort:** In Kiefernmooren, Latschengebüschen, lichten Kiefernwäldern. Braucht saure Böden; kalkfliehend. **Verbreitung:** Vor allem in den Silikatgebieten der Alpen zwischen 1500 und 2700 m.

In der Naturheilkunde wird die Rostblättrige Alpenrose homöopathisch bei Gelenkentzündungen, Steinleiden und Nervenschmerzen eingesetzt.

Goldprimel

oben; gesch. (A)

Vitaliana primuliflora

3–5 cm, Mai–Juli

Merkmale: Die seltene Pflanze wächst in lockeren Rasen. Die in grundständigen Rosetten angeordneten Blätter können kahl sein, sind oft aber auch von anliegenden Sternhaaren besetzt – besonders an den Rändern – und wirken dann grau. **Standort:** Auf offenen Rasen, in Felsspalten oder auf Felssschutt. Stets auf kalkarmen oder sauren Böden. **Verbreitung:** In den Westalpen (Seealpen bis Tessin), in Südtirol bis Oberösterreich. Von 1700 bis über 3000 m aufsteigend. Außerhalb der Alpen in den Pyrenäen und im Apennin.

Aurikel, Alpen-Aurikel

unten; gesch. (A, D)

Primula auricula

5–25 cm, April–Juni

Merkmale: Als Primel unverwechselbar. Charakteristisch sind die fleischigen, »ohrförmigen« (= auriculum) Blätter mit dem Knorpelrand. **Standort:** Auf offenen alpinen Rasen, auf Steinrasen, in Felsspalten und auf Felsschutt, aber auch auf Moorwiesen des Alpenvorlandes. Bevorzugt feuchte und steinige Böden; stets auf Kalk. **Verbreitung:** Alpen, besonders in den nördlichen und südlichen Kalkketten, von Tallagen bis über 2500 m. Vereinzelt im Schwarzwald, im Jura, im Apennin und in den Karpaten; ansonsten außerhalb der Alpen selten.
In der Volksmedizin als »Bruderkraut« bekannt, ist die Aurikel eine alte Heilpflanze gegen Lungengeschwüre, Husten und Hautunreinheiten.

Behaarte Primel, Leim-Primel

oben; gesch. (A, D)

Primula hirsuta

3–10 cm, April–Juni

Merkmale: Sicherstes Merkmal sind die rundlichen, grob gezähnten Blätter mit den farblosen Drüsenhaaren und die kurzgestielten Blüten, die meist zu zweit oder dritt zusammenstehen. Ähnlich sind die Zottige Primel *(P. villosa)* mit mehr länglichen, mit roten Drüsenhaaren besetzten Blättern, auf steinigen Rasen und Felsen, stets über Silikat, in den Norischen (Kärnten, Steiermark) und Cottischen Alpen, und die Inntaler Primel *(P. daonensis)*, eine mehr zentral-südalpine Art. **Standort:** Kalkarme Böden. **Verbreitung:** Zwischen Grajischen Alpen und Hohen Tauern von 1500–3600 m.
Von Bastardformen stammen die Zuchtformen der Gartenaurikeln ab.

Mehl-Primel

unten; gesch. (A, D)

Primula farinosa

5–20 cm, Mai–Juli

Merkmale: Ihren Namen verdankt die Pflanze ihren Blättern, die auf der Unterseite dicht mit einem weißlichen Staub bedeckt sind. **Standort:** In alpinen Rasen, auf Felsschutt; auch in Quell-, Flach- und Wiesenmooren des Alpenvorlandes, wo sie oft ganze Teppiche bildet – durch Verbuschung oder Düngung aber auch sehr gefährdet ist. Braucht feuchte, magere und kalkhaltige Böden. **Verbreitung:** Im gesamten Alpenraum häufig, von Tallagen bis um 2700 m. In Südeuropa bis Spanien und Bulgarien, aber auch in der Arktis anzutreffen.

Alpen-Mannsschild

oben; gesch. (A, CH, D)

Androsace alpina

1–5 cm, Juni–August

Merkmale: Die lockeren Polster wirken sehr malerisch, besonders wenn sie zur Blütezeit dicht mit den kurzgestielten rosa Blüten übersät sind. Deutlich gestielte Blüten haben Charpentiers Mannsschild *(A. brevis)*, der in tieferen Lagen nur in den Südalpen wächst, und Wulfens Mannsschild *(A. wulfeniana)*, den man nur in den Ostalpen, den südlichen Niederen Tauern und im östlichen Südtirol antrifft. Ebenfalls rot blüht der Fleischrote Mannsschild *(A. carnea)*. **Standort:** Auf kalkarmen, lange schneebedeckten Böden. **Verbreitung:** Hauptsächlich in den Zentralalpen von 2000–4000 m.
Alle Mannsschild-Arten sind geschützt.

Zwerg-Mannsschild

unten links; gesch. (A, CH, D)

Androsace chamaejasme

2–10 cm, Juni–August

Merkmale: Die Pflanze wächst in lockeren Rasen. Auf einem kurzen, blattlosen Stengel sitzen 2–10 Blüten in doldenähnlicher Anordnung. Die Art kann verwechselt werden mit dem Zottigen Mannsschild *(A. villosa)*, dessen Blätter jedoch am Rand und auf der Unterseite viel dichter behaart sind (in den West- und Südostalpen auf Steinböden und Felsschutt zu Hause), und mit dem Stumpfblättrigen Mannsschild *(A. obtusifolia)*, bei dem die Blätter fast kahl, dafür die Blütenstiele behaart sind (auf kalkarmen Böden meist über 2000 in den Silikatgebieten der Alpen). Eine weitere ähnliche Art ist der Milchweiße Mannsschild *(A. lactea)* mit lineal-lanzettlichen Blättern (wächst auf Felsschutt und Rasen über 1000 m). **Standort:** Magere Steinrasen, Grate, Felsschutt. Liebt feuchte, modrig-humose Lehm- und Steinböden. Stets auf Kalk. **Verbreitung:** In den Kalkgebieten der Nordalpen von 1500–3000 m; in den Zentral- und Südalpen vereinzelt. Ferner in den Pyrenäen und Karpaten.

Schweizer Mannsschild

unten rechts; gesch. (A, CH, D)

Androsace helvetica

1–5 cm, Mai–Juli

Merkmale: Bildet sehr dichte und feste, halbkugelige Polster. Durch die dichte Behaarung wirkt die Pflanze grau. Einen ähnlichen Habitus hat Vandels Mannsschild *(A. vandellii)*, dessen Blätter jedoch durch Sternhaare weiß wirken (in Silikatfelsspalten hauptsächlich in den Zentral- und Südalpen beheimatet). Der Weichhaarige Mannsschild *(A. pubescens)* bildet weniger feste Polster mit längeren Blättern (auf Schutt, Felsspalten und auf Kalkschiefer in den Westalpen und der Ostschweiz). **Standort:** In Kalk- und Dolomitfelsspalten in meist sonnenexponierter Lage anzutreffen. Erträgt große Temperatur- und Feuchtigkeitsschwankungen. **Verbreitung:** In den Kalkgebieten der Nord- und Zentralalpen zwischen 1500 und 3600 m; in den Südalpen nur vereinzelt.
Durch ihren langsamen Wuchs werden die Polster oft sehr alt.

Echtes Alpenglöckchen, Alpen-Troddelblume

oben

Soldanella alpina

gesch. (A, D); 5–15 cm, April–Juli

Merkmale: Von unseren vier Alpenglöckchen-Arten hat das Echte Alpenglöckchen die am tiefsten ausgefransten Blüten, nämlich bis mindestens zur Mitte der Krone. Neben der blauviolett blühenden Stammart gibt es auch weißblühende Formen (s. Foto). Das Berg-Alpenglöckchen *(S. montana)* besitzt ähnliche Blüten wie *alpina*, aber bis zu 10 Blüten pro Stengel (*alpina* 1–3) und doppelt so breite, schwach gekerbte Blätter. Die Blüte des Kleinen Alpenglöckchens *(S. pusilla)* ist höchstens auf ein Drittel ausgefranst, die Blätter sind kleiner (auf kalkarmen, feuchten Böden in den Zentral- und Ostalpen). Das Zwerg-Alpenglöckchen *(S. minima)* ist in der Blüte ebenfalls nur auf etwa ein Drittel ausgefranst und hat sehr kleine Blätter mit drüsigen Blattstielen; außerdem sind die Blüten erheblich heller bis weiß (auf feuchten Kalkböden fast nur in den Südlichen Kalkalpen). **Standort:** In Schneetälchen, auf Rasen und in Hochstauden-Gesellschaften. Braucht nährstoffreichen, gut durchfeuchteten Untergrund, bevorzugt kalkhaltig. **Verbreitung:** In den Alpen und im Alpenvorland, im Südschwarzwald und im Jura von Tallagen bis 3000 m anzutreffen. Außerhalb der Alpen in den Pyrenäen, der Auvergne, auf dem Balkan und im Apennin.

Alpenveilchen

unten; gesch. (A, D)

Cyclamen purpurascens

5–20 cm, Juni–September

Merkmale: Als Wildform einer beliebten Zimmerpflanze wohl jedem bekannt. **Standort:** Gesellig in krautreichen Bergmischwäldern, Gebüschen, auf lückigen Rasen. Gern zusammen mit der Nieswurz (S. 28). Braucht kalkhaltige, nährstoffreiche, gut durchfeuchtete Böden. **Verbreitung:** Vor allem in den Süd- und Ostalpen bis 2000 m Höhe. Auch in Südostfrankreich und in Jugoslawien.

In der Naturheilkunde wird *Cyclamen* homöopathisch als Frauen-Heilmittel eingesetzt.

Silberwurz

Dryas octopetala

oben; gesch. (A)
5–10 cm, Mai–August

Merkmale: Der immergrüne Zwergstrauch bildet flache Rasen und eng dem Fels oder Boden anliegende Spaliere. Charakteristisch sind seine glänzendledrigen Blätter und die vergleichsweise großen weißen Blüten mit der ungewöhnlichen Zahl von 8 Kronblättern (= octo-petala). **Standort:** Auf Magerrasen, Steinrasen und Felsschutt der alpinen Stufe, an felsigen Hängen, aber auch in niederen Lagen im Flußkies herabgeschwemmt. Pionierpflanze. Braucht kalk- und mineralhaltigen, leicht feuchten Untergrund. **Verbreitung:** In den Kalkgebieten der Alpen bis auf 3000 m ansteigend, in den Silikatgebieten weitgehend fehlend. Von den Pyrenäen bis zur Balkanhalbinsel; auch in den Karpaten und in der Arktis anzutreffen.

Die Silberwurz dient Gemsen und Schneehühnern als Winterfutter. In der Volksmedizin gilt ein Tee aus ihren Blättern mancherorts bis heute als Heilmittel.

Kriechende Nelkenwurz, Gletscher-Petersbart

Geum reptans

Mitte Blüte, unten Fruchtstand; gesch. (A)
5–20 cm, Juli–September

Merkmale: Die Pflanze ist gut zu erkennen an den bis zu 1 m langen, oft roten Ausläufern (s. auch Foto S. 20). Die aufrechten Stengel sind meist rotbraun, ebenso der bis zu 5 cm lange, fedrig behaarte Griffel der Frucht. Der ähnliche Berg-Petersbart *(G. montanum)* bildet keine Ausläufer und hat an seinen Grundblättern einen sehr großen, rundlichen Endabschnitt (in mageren Rasen auf sauren Böden in den Alpen verbreitet). Im übrigen erinnern die goldgelben Blüten an die von Sonnenröschen (*Helianthemum;* s. S. 50) und Fingerkraut (nächste Doppelseite). **Standort:** In feuchtem Felsschutt, auf Moränen, gelegentlich in lückigen Rasengesellschaften. Schuttwanderer und Schuttstrecker. Liebt frische, kalkarme und feuchte Rohböden. **Verbreitung:** In den Zentralalpen verbreitet, in den Kalkalpen selten. In Deutschland nur in den Allgäuer Alpen. In Höhenlagen von 2000–3000 m.

Stengel-Fingerkraut

oben

Potentilla caulescens 10–30 cm, Juli–September

Merkmale: Wichtiges Merkmal dieser Halbrosettenstaude ist der zottig behaarte Stengel (mit einfachen und Drüsenhaaren). Mehrere, sehr ähnliche Arten sind im Alpenraum zu finden. **Standort:** Besiedelt als tiefwurzelnde Spaltenpflanze Felsen und Felssschutt, seltener Pionierrasen. Braucht kalkhaltige, feuchte Böden in sonniger oder halbschattiger Lage. **Verbreitung:** In den Kalkgebieten der Alpen und in südeuropäischen Gebirgen von den Tallagen bis 2500 m aufsteigend.

Gold-Fingerkraut

Mitte

Potentilla aurea 5–30 cm, Juni–September

Merkmale: Um das Gold-Fingerkraut von ähnlichen Arten zu unterscheiden, muß man die Behaarung der Stengel und die Form der Blätter beachten: Hier sind die bogig aufsteigenden Stengel anliegend behaart, die Teilblättchen der fünfzähligen Blätter schmal-elliptisch und im oberen Drittel scharf gesägt. Das Zottige Fingerkraut *(P. crantzii)* dagegen ist abstehend behaart und hat verkehrt-eiförmige Teilblättchen mit wenigen, groben Zähnen (in Rasen und auf Felsschutt in den Kalkalpen relativ häufig). Das Dauphine-Fingerkraut *(P. delphinensis)* mit aufrechtem, angedrückt behaartem Stengel hat ebenfalls verkehrt-eiförmige Teilblätter mit sehr scharfen Zähnen (in den Cottischen Alpen in Rasen beheimatet). Ähnlich sieht auch das Thüringer Fingerkraut aus *(P. thuringiaca)* mit meist siebenteiligen Grundblättern (wächst in Rasen, an Wegrändern und in lichten Bergwäldern im ganzen Alpenraum). **Standort:** In Weiden, Schneemulden, im Zwergstrauchgestrüpp und auf Magerrasen. Begnügt sich mit nährstoffarmen, sauren, aber gut feuchten Lehmböden. **Verbreitung:** In den Alpen häufig, besonders in den Zentralalpen. Auch im Südschwarzwald. In Höhen zwischen 1000 und 3000 m.
In der Volksmedizin gilt das Gold-Fingerkraut als Heilmittel gegen schlecht heilende Wunden und Mundentzündungen.

Gefalteter Frauenmantel, Silbermantel

unten

Alchemilla plicatula 7–20 cm, Juni–August

Merkmale: Die Gattung Frauenmantel ist im Alpengebiet mit rund 100 Arten vertreten, die in Verbreitung und Standortansprüchen zum Teil noch nicht genügend erforscht sind. Allen Arten gemeinsam sind die vierteiligen Blüten ohne Kronblätter, mit Kelch- und Außenkelchblättern. Die Blätter des Gefalteten Frauenmantels sind besonders tief geteilt, die Teilblättchen nur an der Spitze oder oben gezähnt und unterseits sehr dicht glänzend behaart. **Standort:** Die Pflanze liebt kalkhaltigen Untergrund; sie wächst in lückigen Rasengesellschaften, auf Weiden, in Schotterfluren und auf grobsteinigen Böden. **Verbreitung:** In den Alpen, im Südschwarzwald und in den Vogesen. Frauenmantel-Tee gilt als gutes Heilmittel bei verschiedenen Frauenleiden.

Alpen-Heckenrose

oben Blüte, unten links Frucht

Rosa pendulina

50–250 cm, Mai–August

Merkmale: Von der Gattung *Rosa* gibt es in den Alpen eine Vielzahl an Arten mit etwa gleichen Standortansprüchen. Von diesen unterscheidet sich die Alpen-Heckenrose dadurch, daß sie nahezu dornenlos ist, allenfalls an jungen Trieben einige dünne Nadelstacheln trägt. (Bei den anderen Arten sind die Stacheln meist sichelförmig gebogen und unterschiedlich lang.) Die Frucht ist eine kugelige, meist aber flaschenförmige, orangerote Hagebutte. **Standort:** Wächst an Wald- und Felsrändern, in Hochstaudengebüschen, im Kniegehölz, vor allem im Bereich der Waldgrenze. Auch in lichten Bergmischwäldern. Sie bevorzugt humose, meist kalkarme Lehmböden (Lehmzeiger). **Verbreitung:** In den Alpen und im Alpenvorland; Bayerischer Wald, Vogesen, Südschwarzwald, Jura. Von etwa 500 m bis über 2500 m aufsteigend.

Aus den Früchten der Pflanze, wie auch aus den Hagebutten anderer Wildrosen, wird ein schmackhafter, Vitamin-C-haltiger Tee zubereitet. Hagebuttentee gilt als nieren- und blasenreinigend und steigert die Abwehrkräfte.

Steinbeere, Felsenbeere

unten rechts Früchte

Rubus saxatilis

10–50 cm, Mai–Juni

Merkmale: Die Verwandschaft mit Himbeere und Brombeere ist nicht zu übersehen. Die Blütenblätter der selteneren Steinbeere sind jedoch schmaler, und die glänzend-rote (eßbare) Frucht besteht nur aus 2–6 fleischigen Teilfrüchten. **Standort:** In Nadelmischwäldern oder in Lindenwäldern, in subalpinem Hochgrasgebüsch und im Knieholz. Gern unter Kiefern. Die bis über 1 m tief wurzelnde Moderhumuspflanze braucht saure, humusreiche Böden. **Verbreitung:** In den Alpen von Tallagen bis 2200 m Höhe; auch im Flachland. Südschwarzwald, Oberrheinebene, Hessisches Bergland, Pfälzerwald und Schleswig-Holstein. In Silikatgebieten oft fehlend.

Rosenwurz

oben

Sedum rosea

10–40 cm, Mai–August

Merkmale: Die Pflanze ist zweihäusig, das heißt männliche und weibliche Blüten sitzen auf verschiedenen Individuen. Die Blüten der männlichen Pflanzen stehen in dichten Scheindolden, die Kronblätter besitzen rote Spitzen. Den weiblichen Pflanzen fehlen die Blütenblätter oft. **Standort:** In schneefeuchten Felsspalten, auf Felsschutt und Moränen, seltener in Rasengesellschaften. **Verbreitung:** In den Alpen zerstreut zwischen 1000 und 3000 m, gebietsweise selten (in den deutschen Alpen fehlend); im Südschwarzwald und den Vogesen ebenso wie in den meisten Gebirgen Mitteleuropas.

Alpen-Mauerpfeffer

unten links

Sedum alpestre

5–8 cm, Juni–August

Merkmale: Die Blätter dieser gelbblühenden Art stehen locker und unregelmäßig (im Gegensatz zum Scharfen Mauerpfeffer, *S. acre*, dessen Blüten auch heller gelb sind). Weitere gelbblühende Fetthennen sind die Felsen-Fetthenne *(S. reflexum)* und der Milde Mauerpfeffer *(S. sexangulare)*. **Standort:** Sonnige Pioniergesellschaften der alpinen Stufe, steinige Erdanrisse, Schneetälchen. **Verbreitung:** In den Alpen in Höhen von 1300–2400 m verbreitet.

Dickblatt-Mauerpfeffer, Buckel-Fetthenne

unten rechts

Sedum dasyphyllum

5–15 cm, Juni–August

Merkmale: Die blaugrün bereifte Pflanze bildet Rasen oder kleine Polster mit zahlreichen nichtblühenden Trieben. Die Stengel sind sehr dünn (nur 1 mm). Es gibt im Alpenraum mehrere ähnliche Arten. **Standort:** In sonnigen Felsspalten-Gesellschaften, an Mauern oder im Feinschutt. Die flachwurzelnde Pflanze wächst meist auf Silikatböden. **Verbreitung:** In den Alpen von Tallagen bis 2500 m verbreitet; auch im Südschwarzwald und im Bayerischen Wald. In weiten Gebieten Europas sowie in Nordafrika beheimatet.
Der Dickblatt-Mauerpfeffer ist giftig und wird als Zierpflanze in Gärten angepflanzt.

Spinnweb-Hauswurz

oben; gesch. (A)

Sempervivum arachnoideum

5–15 cm, Juni–September

Merkmale: Den Namen hat die Pflanze von den langen, weißen Wollhaaren an den Spitzen der Blätter, die die Blätter spinnwebartig miteinander verbinden. Ähnlich sieht ihre Unterart, die Filzige Hauswurz aus *(S. arachnoideum* ssp. *tomentosum)*; ihre Rosetten sind dicht weißhaarig und oben etwas abgeflacht (vor allem im Südwesten des Verbreitungsgebietes). **Standort:** Bevorzugt als Pionierpflanze trockene, kalkarme, jedoch sonnige Böden. Gedeiht auf Felsköpfen, Mauerkronen oder in Schutthalden, auch in offenen Silikat-Magerrasen. **Verbreitung:** In den Zentralalpen häufig, sonst seltener. In Höhenlagen bis 3000 m. Angepflanzt auch im Bayerischen Wald.

Dach-Hauswurz

unten links; gesch. (A)

Sempervivum tectorum

10–60 cm, Juni–September

Merkmale: Wichtigstes Merkmal ist der Blütenstand mit zahlreichen (oft über 30) Blüten. Der Stengel der Pflanze ist drüsig und wollig behaart, die Rosettenblätter sind am Rand deutlich bewimpert. Mehrere, nicht klar abgegrenzte Formen sowie einige andere, ähnliche Arten sind im gesamten Alpenraum anzutreffen. **Standort:** Auf Mauerkronen, Felsschutt und in lückigen Rasen. Liebt nährstoffreiche, trocken-warme Steinböden. **Verbreitung:** Zerstreut im gesamten Alpengebiet in Höhen bis 2800 m zu finden. Oft angepflanzt. Wild im Jura, am Bodensee, im Moseltal.

Die Dachwurz galt früher als blitzabwehrende Zauberpflanze und wurde deshalb auf den Dächern angepflanzt, wo sie heute noch oft zu sehen ist. Dies zeigt, daß sie oft mit wenig Humus lange Trockenzeiten zu überstehen vermag. In der Naturheilkunde wird sie als Heilmittel gegen vielfältige Erkrankungen eingesetzt, z. B. bei Verbrennungen, Entzündungen, Hauterkrankungen.

Kugel-Hauswurz

unten rechts; gesch. (A)

Jovibarba hirta

10–20 cm, August–September

Merkmale: Die kugeligen Rosetten dieser Pflanze sind sternförmig geöffnet, zahlreiche bleiben steril. Am Rand sind die Rosettenblätter drüsig behaart. Verwechslungsmöglichkeit besteht mit Allionis Hauswurz *(J. allionii)*, deren Rosettenblätter auf der ganzen Fläche drüsig behaart und oft rot überlaufen sind (meist an Felsen, nur in den Südwestalpen). Eine weitere ähnliche Art ist die Sand-Hauswurz *(J. arenaria)* mit rotspitzigen, an den Rändern drüsigen Rosettenblättern (in tieferen Lagen der Alpen zu finden). **Standort:** An Felsen und sonnigen Hängen, gern über Kalk. **Verbreitung:** In den Ostalpen bis 2000 m. Außerdem in den Karpaten und im Illyrischen Gebirge.

Fetthennen-Steinbrech, Bach-Steinbrech

oben; gesch. (A, D)

Saxifraga aizoides 3–30 cm, Juni–September

Merkmale: Die Blüten dieser in lockeren Rasen wachsenden Pfanze können orange, dunkelrot oder zitronengelb mit orangeroten Punkten gefärbt sein. Typisch sind auch die fleischigen, lineal-lanzettlichen Blätter mit stachliger Spitze. Die Vielfalt der Blattformen ist ein gutes Unterscheidungsmerkmal für die zahlreichen Steinbrech-Arten. **Standort:** Die Pflanze liebt es feucht und ist in Quellfluren, an Quell- und Bachrändern, überrieselten Felsen oder in feuchten Rasengesellschaften zu finden. Sie braucht kalkreiche, tonige Stein- und Kiesböden in luftfeuchter und beschatteter Lage. **Verbreitung:** In den Alpen von 600 bis über 3000 m häufig; auch in den Pyrenäen, in Skandinavien und in der Arktis anzutreffen.

Moos-Steinbrech

unten; gesch. (A, D)

Saxifraga bryoides 3–15 cm, Juli–August

Merkmale: Die flachen, moosartigen Polster haben der Pflanze ihren Namen gegeben. Die Blätter der nichtblühenden Triebe sind stachelspitzig und am Rand bewimpert. Ähnliche Arten sind der Rauhe Steinbrech *(S. aspera)* mit mehrblütigem Stengel und lockereren Rosetten (vorwiegend in den Zentralalpen von 1500–2500 m) und der Grannen-Steinbrech *(S. tenella)* mit knorpelrandigen, bewimperten Blättern (nur in den südöstlichen Kalkalpen). **Standort:** In Steinschutt-Pioniergesellschaften, in Felsspalten, seltener auf lückigen Rasen. Braucht kalk- und humusarme, feinteilchenreiche Steinschuttböden. **Verbreitung:** Vor allem in den Zentralalpen von 1500–4000 m zu finden; fehlt in den nordöstlichen Kalkalpen völlig. Außerhalb der Alpen von den Ostpyrenäen bis zur Balkanhalbinsel verbreitet.
Die sehr kältefeste Pflanze vermehrt sich zum Teil vegetativ.

Trauben-Steinbrech

oben links; gesch. (A, D)

Saxifraga paniculata

15–40 cm, Juni–September

Merkmale: Charakteristisches Merkmal dieser Art sind die Kalkschüppchen an den scharf gesägten Rändern der Rosettenblätter und der rispenartig verzweigte, drüsige Stengel. Trotzdem kann er nicht immer ohne weiteres von anderen Arten mit Blattrosetten unterschieden werden, mit der die Gattung im Alpenraum noch vertreten ist. **Standort:** Wächst auf Mauern, in Felsspalten und Steinschutt, bevorzugt in sonniger oder halbschattiger Lage. **Verbreitung:** In den Alpen von Tallagen bis über 3000 m ansteigend. Außerdem in den Vogesen, im Südschwarzwald und im Bodenseegebiet. In europäischen Gebirgen, Grönland und im arktischen Nordamerika.

Blaugrüner Steinbrech

oben rechts; gesch. (A, D)

Saxifraga caesia

5–15 cm, Juni–September

Merkmale: Wächst in dichten Polstern; die blaugrünen Blätter sind auf der Oberseite dicht mit Kalkpünktchen oder einer grauen Kalkkruste überzogen. Verwechselt werden kann der Blaugrüne mit dem Sparrigen Steinbrech *(S. squarrosa)*, dessen Blätter nicht auf der ganzen Länge, sondern nur an der Spitze aufwärts gebogen sind (meist über 1500 m von den Judikarischen bis in die Steiner Alpen zu finden). Eine ähnliche Art ist auch der Waldenser Steinbrech *(S. valdensis)* mit dicht drüsig behaarten Stengeln (in den Westalpen beheimatet). **Standort:** Auf felsigen Graten, in lückigen Rasen und in Zwergstrauchheiden. Windharte Pionierpflanze. **Verbreitung:** In den Kalkgebieten der Alpen von 600–2500 m verbreitet. Außerhalb der Alpen von den Pyrenäen bis zur nördlichen Balkanhalbinsel zu finden.

Roter Steinbrech

unten; gesch. (A, D)

Saxifraga oppositifolia

3–15 cm, März–September

Merkmale: Die Blüten des Roten Steinbrechs sind zunächst leuchtend weinrot, später blauviolett. Die Kelchblätter sind bewimpert, aber ohne Drüsen. Ähnliche Arten sind Muriths Steinbrech *(S. murithiana)* mit größeren Blättern und drüsig bewimpertem Kelch (in den West- und Südwestalpen) und der Wimperblättrige Steinbrech *(S. blepharophylla)*, dessen Blattwimpern zur abgerundeten Blattspitze hin länger werden (nur in den Hohen und Niederen Tauern und in den Norischen Alpen). Rudolphs Steinbrech *(S. rudolphiana)* hat winzige Blätter (höchstens 2 mm lang) und wächst in dichten, harten Polstern. **Standort:** Als Pionierpflanze ohne Ansprüche an die Unterlage in Steinschutt, an Felsen oder in Steinrasen. **Verbreitung:** In den Alpen in Höhenlagen zwischen etwa 600 und über 3500 m verbreitet; in den Südwestalpen weitgehend fehlend. Sonst im arktischen Europa, auf dem Balkan und in Nordamerika zu Hause.

Stern-Steinbrech

oben; gesch. (A, D)

Saxifraga stellaris

5–30 cm, Juni–September

Merkmale: Eindeutig bestimmen läßt sich diese Steinbrech-Art bei genauem Hinsehen: Auf den weißen Blütenblättern sitzen zitronengelbe Punkte. In der Steiermark und in Kärnten gibt es eine Unterart mit Brutknospen. Eine ähnliche Art ist der Keilblättrige Steinbrech *(S. cuneifolia)*, dessen keilförmige Blätter einen Knorpelrand besitzen (in schattigen Bergwäldern zerstreut in den Alpen zu finden). **Standort:** In Quellfluren, an Bachrändern und Rinnsalen zu finden; auch auf feuchtem Steinschutt. Bevorzugt kühle, sickernasse Böden und erträgt sehr kaltes Wasser. **Verbreitung:** Im gesamten Alpenraum von 1000–3000 m Höhe anzutreffen; außerdem Vogesen und Schwarzwald; ferner in den Pyrenäen.

Herzblattgewächse Parnassiaceae

Sumpf-Herzblatt

unten; gesch. (D)

Parnassia palustris

5–40 cm, Juni–September

Merkmale: Der Name bezieht sich auf die herzförmigen Grundblätter. Auffällig ist außerdem das stengelumfassende Blatt im unteren Drittel des Blütenstiels. Bemerkenswert ist der Bau der Blüte, der sich einem erst mit der Lupe so recht erschließt. **Standort:** Die Pflanze liebt nasse und nährstoffreiche, saure Böden und ist daher in erlen- und eschenreichen Auwäldern, im Ufer- und Hochstaudengebüsch und in Schluchtwäldern anzutreffen. Außerdem auf Sumpfwiesen und in Flachmooren. **Verbreitung:** Im gesamten Alpenraum und in allen Höhenlagen. In ganz Europa, Sibirien und in Nordafrika beheimatet.

Braun-Klee

oben links

Trifolium badium

10–25 cm, Juni–August

Merkmale: Die charakteristischen Blütenstände sind unverkennbar. Eine Verwechslungsmöglichkeit besteht allerdings mit dem Gold-Klee *(T. aureum)*, dessen oberste Stengelblätter deutlich wechselständig sind (in den Alpen besonders in tieferen Lagen verbreitet). **Standort:** Auf feuchtem Schutt, in Wiesen und fetten Weiden, auch in Schneetälchen. Besiedelt auch verdichtete Lehmböden. Fast immer auf Kalk. **Verbreitung:** In den Alpen in Höhenlagen von 1000–3000 m häufig. Auch in den Gebirgen Nordspaniens.

Alpen-Klee

oben rechts

Trifolium alpinum

5–20 cm, Juni–August

Merkmale: Die duftenden Blüten sitzen in langgestielten Blütenständen, während die Blätter mit den langen, schmalen Teilblättchen praktisch ungestielt sind. **Standort:** Der Alpen-Klee bevorzugt saure Böden und siedelt sich in dichten Rasenbeständen wie Borstgras- und Seggenrasen an. Aber auch auf Matten und in Zwergstrauchheiden ist er zu finden. Kalkmeidend. **Verbreitung:** Zwischen 1500 und 2500 m vor allem in den Zentralalpen. Auch in nordspanischen Gebirgen.
Der Alpen-Klee bildet bis 1 m lange Pfahlwurzeln.

Alpen-Süßklee

unten links

Hedysarum hedysaroides

10–30 cm, Juli–August

Merkmale: Die Anzahl der Teil-Fiederblättchen beträgt 9–13. Ein sicheres Bestimmungsmerkmal ist die reife Frucht: Sie zerfällt in einzelne scheibenförmige Glieder. Oberflächliche Ähnlichkeit hat der Spitzkiel (S. 98). **Standort:** Auf sonnigen Grashängen der alpinen Stufe, in lückigen Steinrasen. Gelegentlich auch in Zwergstrauchbeständen und Hochstaudenfluren. Stets auf Kalk. **Verbreitung:** Vorwiegend in den Nord- und Zentralalpen, meist über 1500 m. Auch in den Pyrenäen, im Apennin und den Karpaten zu Hause.

Alpen-Tragant

unten rechts

Astragalus alpinus

5–20 cm, Juni–August

Merkmale: Die Blätter und der untere Stengel wirken durch anliegende Haare grau. Verwechslungsmöglichkeit besteht mit dem Südlichen Tragant *(A. australis)*: Hier ist nur die Schiffchenspitze der weißen Blüten violett. Die Blüten des Norwegischen Tragant *(A. norvegicus)*, der in den Alpen nur in den Hohen Tauern wächst, sind blauviolett. **Standort:** Der Alpen-Tragant wächst auf alpinen Steinrasen über kalkhaltigen Böden, auf Moränen und Schutthalden, aber auch auf windexponierten Graten. **Verbreitung:** Zerstreut im gesamten Alpenraum von 1500 bis etwa 3000 m Höhe anzutreffen. Außerdem in den Pyrenäen und in arktischen Regionen beheimatet.

Alpen-Wundklee

oben

Anthyllis vulneraria alpina

5–20 cm, Juni–September

Merkmale: Dem Gewöhnlichen Wundklee sehr ähnlich: An den kräftig-gelben Blüten mit weißzottig behaartem Kelch und der Blattform gut zu erkennen. In einigen Gebieten der Alpen sind formenreiche Unterarten und Bastarde, z. B. mit hellerer Blütenfarbe und/oder roter Schiffchenspitze anzutreffen. **Standort:** Wächst in Seggenrasen, auf Weiden, an lichten Kiefernhängen, an Wegen, Böschungen und Dämmen sowie in Steinbrüchen. Benötigt sommerwarme, meist kalkhaltige, trockene Böden in sonnenexponierter Lage. Dient als Rohbodenpionier der Bodenbefestigung. **Verbreitung:** In den Alpen in Höhen von 1000 bis über 2700 m häufig. Sonst von den Karpaten bis in die Gebirge der Balkanhalbinsel beheimatet.

Der düngerfeindliche Wundklee gilt als gute Futterpflanze und wird von Hummeln besucht. In der Naturheilkunde wird er als wundheilendes (Name!), blutreinigendes und krampflösendes Mittel eingesetzt.

Feld-Spitzkiel, Alpen-Fahnenwicke

Mitte

Oxytropis campestris

5–20 cm, Juni–August

Merkmale: Die Blätter der stengellosen Pflanze bestehen aus zahlreichen (bis 15) Fiederblattpaaren. Die dichten, hellgelben bis weißlichen Blütenköpfchen sind gelegentlich violett überlaufen und stehen auf langen, behaarten Stielen. Der Übelriechende Spitzkiel *(O. fetida)* unterscheidet sich hiervon durch seine Klebrigkeit (wächst auf Kalkfelsschutt in den Westalpen), der Zottige Spitzkiel *(O. pilosa)* durch den deutlichen, beblätterten Stengel (an trockenen Stellen in tieferen Lagen). **Standort:** Braucht magere, trockene, kalkhaltige Böden und besiedelt Steinrasen, Magerrasen oder Grate, auch an windexponierten Ecken. **Verbreitung:** In den Alpen verbreitet (fehlt in Deutschland), besonders in Tirol, Vorarlberg und der Schweiz. In Höhenlagen von 1500–3000 m. Außerhalb der Alpen in süd- und mitteleuropäischen Gebirgen und in Südschweden beheimatet.

Berg-Spitzkiel, Berg-Fahnenwicke

unten

Oxytropis jacquinii

5–20 cm, Juli–August

Merkmale: Im Gegensatz zum Feld-Spitzkiel hat der Berg-Spitzkiel einen deutlich entwickelten, niederliegend-aufsteigenden Stengel. Die purpurvioletten Blüten verfärben sich in trockenem Zustand blau. Mehrere ähnliche Arten sind in den Alpen verbreitet. **Standort:** Die kalkliebende Pflanze besiedelt mit breitem Verankerungs-Wurzelwerk Felsschutt und lückige Rasen. Sie bevorzugt sonnige, mäßig trockene Standorte. **Verbreitung:** Nur in den Alpen, von 1500 bis auf 2500 m ansteigend. Hauptverbreitungsgebiet sind die Nordostalpen.

Zwergbuchs, Buchsblättrige Kreuzblume

oben

Polygala chamaebuxus

10–30 cm, März–Juli

Merkmale: Trotz des Namens ist diese Pflanze nicht mit dem Buchsbaum verwandt. Der Name leitet sich lediglich von den buchsbaumartigen Blättern des Zwergtsrauches ab. Die meist gelben Blüten sind manchmal tief purpurrot. **Standort:** Der kalkliebende Zwergbuchs braucht trockene, warme Böden in sonniger Lage. Er besiedelt Kiefernwälder, trockene Eichenwälder, Zwergstrauchheiden, Magerrasen und steinige Matten. Meist auf Kalk. **Verbreitung:** Vor allem in den Nord- und Südalpen. Sonst im Jura, den mitteldeutschen Gebirgen, am Bodensee und im Bayerischen Wald sowie in den Pyrenäen anzutreffen. In Höhenlagen bis 2500 m.
In der Volksmedizin als schleimlösendes und den Stoffwechsel anregendes Blutreinigungsmittel geschätzt.

Berg-Kreuzblume

unten

Polygala alpestris

7–15 cm, Mai–August

Merkmale: Die typische Blütenform der Kreuzblume ist unverkennbar: Von den fünf Kelchblättern sind die inneren beiden – die »Flügel« – groß und kronblattartig gestaltet und sitzen seitlich von den drei echten Kronblättern, die am Grund verbunden sind. Die Staubgefäße sind oft zu einer Röhre verwachsen. Die Gattung umfaßt mehrere, schwer zu unterscheidende Arten. **Standort:** Die seltene Berg-Kreuzblume wächst auf sonnigen, mageren Steinrasen, in Wiesen und Weiden. **Verbreitung:** In Höhenlagen bis 2200 m in den Alpen, im Jura sowie in den Pyrenäen und Karpaten.

Wald-Storchschnabel

oben

Geranium sylvaticum

30–70 cm, Juni–August

Merkmale: Den Namen verdankt diese Gattung der Form ihrer Frucht, die an einen Storchenschnabel erinnert. Typisches Erkennungsmerkmal sind auch die handförmigen bzw. gefiederten Blätter. Die großen, rotvioletten Blüten des Wald-Storchschnabels sind in paarweisen Blütenständen angeordnet, diese wiederum oft straußartig zusammengefaßt. Eine ähnliche Art ist der Wiesen-Storchschnabel *(G. pratense)* mit blauvioletten, dunkler geäderten Blütenblättern (in feuchten Wiesen und an Bachufern tieferer Lagen). **Standort:** Der Wald-Storchschnabel ist in subalpinen Hochstaudenfluren, in Buschsäumen, Bergwäldern und Latschengebüschen zu Hause, aber auch auf fetten Bergwiesen und in Grauerlenwäldern. Er bevorzugt nährstoffreiche, feuchte und humose Böden. **Verbreitung:** In den Alpen bis 2500 m Höhe häufig anzutreffen; in Gebirgen Mittel- und Nordeuropas.

Nachtkerzengewächse Onagraceae

Fleischers Weidenröschen, Kies-Weidenröschen

unten

Epilobium fleischeri

gesch. (D); 10–50 cm, Juli–September

Merkmale: Die Hochstaude mit ihren kräftig rosarot leuchtenden Blüten wächst oft rasenförmig. Eine ähnliche Art (unter vielen) ist das Rosmarin-Weidenröschen *(E. dodonaei)* mit zartrosa Blüten und ganzrandigen Blättern (in den tieferen Lagen der Alpen, besonders auf Kalk). **Standort:** Das Weidenröschen ist als wurzelkriechende Pionierpflanze auf Kiesbänken und Moränenschutt, an Bachufern und in lückigen Rasen zu finden. Es besiedelt wechseltrockene, humus- und feinerdearme Sand- und Kiesböden und gilt als Bodenfestiger. **Verbreitung:** Hauptsächlich in den Zentralalpen, im Norden bis ins Allgäu und nach Nordtirol; zerstreut, örtlich selten. In Höhenlagen bis über 2500 m, wird mit den Flüssen auch bis in die Täler verschwemmt.

Große Bibernelle

oben links

Pimpinella major

40–90 cm, Mai–September

Merkmale: Die Doldenblütler bilden eine artenreiche Pflanzengruppe, deren einzelne Arten oft schwer zu bestimmen sind. Wichtige Bestimmungsmerkmale sind Details wie Behaarung, Form der Blätter, Anzahl der Fiederblätter, Aufbau des Blütenstandes und Form der Früchte. Viele Gewürz- und Gemüsepflanzen gehören hierher (z.B. Kümmel, Fenchel, Möhre). Die Große Bibernelle als völlig kahle Staude mit dem für Doldenblütler typischen, hohlen und kantigen Stengel blüht weiß oder tiefrosa in dichten Doppeldolden. Die Grundblätter sind gestielt, die obersten Stengelblätter sitzend mit etwas aufgeblasenen, abstehenden Blattscheiden. **Standort:** Wächst in Fettwiesen, vor allem des Gebirges, in Hochstaudenfluren, Viehlägern, in Gebüschen und Bergwäldern. Bevorzugt humide Klimalagen. Nährstoffzeiger. **Verbreitung:** In den Alpen häufig, in Höhen bis über 2000 m. Fast in ganz Europa mit Ausnahme des äußersten Südens und Nordens zu finden.

Die Pflanze gilt als hochsommerliche Leitart von Bergwiesen. Sie wird als Spinatgemüse geschätzt und hat in der Naturheilkunde Bedeutung als antibiotisches, entzündungshemmendes und bronchienwirksames Heilmittel.

Rippensame

oben rechts

Pleurospermum austriacum

60–200 cm, Juni–August

Merkmale: Die an den Stengelkanten schwach behaarte Staude hat sehr große, 2–3fach gefiederte, breit-dreieckige Blätter. Auch die Dolden sind sehr groß und die Stengel oft enorm stämmig. **Standort:** In feuchten Wäldern, Hochstaudenfluren, Bachschluchten, in Grauerlenauen und an Waldrändern anzutreffen. Gern unter Kiefern. Liebt feuchte, humusarme, kiesige Böden. **Verbreitung:** Bis 2000 m Höhe lokal in den Alpen und im Alpenvorland, im Jura. Ansonsten in Mittel- und Osteuropa und vereinzelt in Schweden.

Alpen-Mannstreu, Edeldistel

unten; gesch. (A, CH, D)

Eryngium alpinum

30–100 cm, Juli–September

Merkmale: Auf den ersten Blick könnte man die blaugrüne, nach oben hin amethystblau gefärbte Pflanze für eine Distel halten (Name!). Die vermeintlichen Dornen sind jedoch lange, weiche Grannen der zahlreichen Blütenhüllblätter. Echte Dornen hat dagegen eine verwandte Art, der Weißdornige oder Silber-Mannstreu (*E. spinalba*; an trockenen Stellen der Südwestalpen bis etwa 1500 m Höhe). Auch die Dolde des Pyrenäen-Mannstreu *(E. burgatii)* ist mit einer Hülle aus dornigen, stahlblauen Hochblättern umgeben (in tieferen Lagen an trockenen und steinigen Orten). **Standort:** Wächst in alpinen Grashalden, auf feuchten Rasen und Hochstaudenfluren. Stets auf Kalk. **Verbreitung:** Mit großen Verbreitungslücken vorwiegend in den Süd- und Westalpen zu Hause; von den Seealpen bis Vorarlberg sowie bis zu den Karawanken und Julischen Alpen. In Höhenlagen von 1500–2500 m.

Gelber Enzian

oben links; gesch. (A, D)

Gentiana lutea

50–150 cm, Juni–August

Merkmale: Die stattliche Pflanze mit den in Scheinquirlen gehäuften gelben Blüten ist unverwechselbar (s. auch Punktierter Enzian). **Standort:** Wächst meist gesellig in Magerrasen, in Hochgrasfluren oder in lichten Nadelmischwäldern. Auch auf Felsschutt und in Grünerlengebüschen. Bevorzugt mäßig saure, modrig-humose Lehm- und Tonböden. Kalkliebender Wechselfeuchtigkeitszeiger. **Verbreitung:** Zerstreut in weiten Gebieten der Alpen, vereinzelt auch im Alpenvorland. Örtlich bestandbildend. In Höhenlagen von 1000–2500 m.

Die Wurzel des Gelben Enzian wird zu Schnaps – dem bekannten »Enzian« – verarbeitet. Aber auch in der Naturheilkunde wird er geschätzt, und zwar als Heilmittel bei verschiedensten Erkrankungen des Verdauungstraktes. Er ist wie alle Enzian-Arten geschützt.

Ungarischer Enzian

oben rechts; gesch. (A, D)

Gentiana pannonica

20–60 cm, Juli–September

Merkmale: Die Gestalt der kreuzgegenständigen Blätter wechselt am Stengel von unten nach oben: Die unteren, elliptischen Blätter sind gestielt, die oberen sitzen ungestielt am Stengel und sind lanzettlich geformt. Die glockigen, rotvioletten Blüten sind mit dunklen Punkten übersät. Vom ähnlichen Purpur-Enzian (*G. purpurea;* von Oberstdorf und Landeck westwärts) unterscheidet sich der Ungarische Enzian durch den glockigen Kelch mit 5–8 nach außen gebogenen Zähnen. Der Kelch des Purpur-Enzians dagegen ist zweiteilig und auf einer Seite fast bis zum Grund aufgeschlitzt. **Standort:** Auf Almweiden, in Magerrasen, Hochstaudenfluren, Latschengebüschen und Bergwäldern. Auch in Mooren. **Verbreitung:** In Höhenlagen von 1500–2500 m fast nur in den Ostalpen. Vereinzelt auch im Bayerischen Wald anzutreffen.

Punktierter Enzian

unten; gesch. (A, D)

Gentiana punctata

20–70 cm, Juli–September

Merkmale: Typisches Merkmal ist die blaßgelbe Blütenkrone mit den schwarzbraunen oder dunkelvioletten Punkten und die lanzettlichen, sehr ungleichen, grünen Zähne des Kelches. Eine ähnliche Art, die aber nur in den Südwestalpen vorkommt, ist Villars Enzian *(G. burseri)* mit goldgelber Krone und zweiteiligem Kelch. **Standort:** Der Punktierte Enzian braucht saure Böden. Er wächst auf alpinen Rasen, Magerweiden und in Zwergstrauchgebüschen; seltener auf Felsschutt. Liebt Orte mit langer Schneebedeckung. **Verbreitung:** Im gesamten Alpenraum (fehlt in den Nordalpen östlich vom Tennengebirge), zwischen 1400 und 3000 m Höhe.

Arzneipflanze.

Stengelloser Kiesel-Enzian, Breitblättriger Enzian

Gentiana acaulis oben; gesch. (A, D); 5–10 cm, Mai–August

Merkmale: In unserem Gebiet kommen zwei sehr ähnliche »stengellose« Enzian-Arten vor, der Kiesel- und der Kalk-Enzian *(G. clusii)*. Das beste Unterscheidungsmerkmal ist der Standort, auf den die Namen hinweisen. Im übrigen sind die Kelchblätter bei *acaulis* oberhalb der weißlichen Verbindungshaut (die bei *clusii* fehlt) löffelförmig (statt lang-spitz) und die Kronblätter sind innen grünfleckig. **Standort:** In subalpinen und alpinen Magerrasen, auf frischen, kalkarmen, sauren Böden. **Verbreitung:** In den Alpen bis 2400 m; besonders in den Zentralalpen; in Bayern nur im Allgäu und Wettersteingebirge. Weiterhin Pyrenäen, Karpaten, Balkanhalbinsel. Der Stengellose Kalk-Enzian kommt hauptsächlich in den nördlichen und südlichen Randalpen vor und geht auch in die Täler und ins Vorland.

Frühlings-Enzian, Schusternagerl

unten; gesch. (A, D)

Gentiana verna 5–15 cm, März–August

Merkmale: Wächst in lockeren Rasen mit dicht beblätterten Trieben. Die 5 Zipfel der tiefblauen Blütenkrone (mit hellerer Röhre) sind flach ausgebreitet. Es gibt einige ähnliche Arten, die alle unter dem Volksnamen »Frühlingsenzian« zusammengefaßt werden, so der Bayerische Enzian *(G. bavarica)*, Rostans Enzian (*G. rostanii*; nur in den Westalpen) und der Schnee-Enzian *(G. nivalis)*. **Standort:** Auf Magerrasen oder Steinrasen, in Quellfluren und Zwergweidenspalieren; vorwiegend auf Kalk. **Verbreitung:** In den Alpen und im Voralpenland; auch im Mittelgebirge. Bis über 3000 m Höhe ansteigend. Wird von Tagfaltern besucht. Durch Wiesendüngung überall im Rückgang begriffen.

Schwalbenwurz-Enzian

oben; gesch. (A, D)
Gentiana asclepiadea
30–90 cm, August–Oktober

Merkmale: Die Pflanze mit den hohen Stengeln und den schwalbenwurzähnlichen Blättern hebt sich im Habitus von den übrigen Enzian-Arten deutlich ab. Verwechslungsmöglichkeit besteht nur mit dem Kreuz-Enzian *(G. cruciata)* mit vier- statt fünfteiliger Blütenkrone (auf trockenen, kalkhaltigen Böden in fast ganz Europa) und dem Lungen-Enzian *(G. pneumonanthe)*, der meist nur 2–3 Blüten hat sowie Blätter mit umgerolltem Rand (in Flachmooren und nassen Wiesen tieferer Lagen). **Standort:** In Bergmischwäldern, an Waldrändern, in Hochstauden- und Grünerlengebüsch; auf Flachmooren und feuchten Wiesen. Benötigt modrig-humose, torfige Böden, gern kalkhaltig. **Verbreitung:** Besonders in den östlichen Alpen von Tallagen bis über 2000 m. Weit ins Alpenvorland reichend.

Deutscher Enzian

unten links; gesch. (A, D)
Gentianella germanica
5–40 cm, Juni–Oktober

Merkmale: Die Pflanze ist von Grund auf verzweigt und hat lavendelblaue oder violette, manchmal auch weiße Blüten. Es gibt mehrere ähnliche Arten, die selbst wieder sehr formenreich sind. Deutscher und Rauher Enzian *(G. aspera)* werden wegen ihrer Ähnlichkeit oft zu einer Gruppe zusammengefaßt. Bestes Unterscheidungsmerkmal: Die Blätter und Kelchzipfel sind am Rand beim Rauhen Enzian papillös-rauh, beim Deutschen Enzian glatt. Der ebenfalls ähnliche Feld-Enzian *(G. campestris)* hat vierzählige Blüten. Die Gattung *Gentianella* unterscheidet sich durch bärtigen Schlund von der Gattung *Gentiana*. **Standort:** In Magerrasen und auf steinigen Matten anzutreffen. Benötigt kalkreiche, humose Lehmböden. Düngerfliehend. **Verbreitung:** Der Deutsche Enzian ist von Südengland bis zu den Südalpen und Ostkarpaten verbreitet, der Rauhe Enzian wächst in den Ost- und Zentralalpen sowie im Bayerischen Wald.

Gefranster Enzian

unten rechts; gesch. (A, D)
Gentianella ciliata
10–30 cm, August–Oktober

Merkmale: An den gefransten Kronzipfeln der vierzähligen Blüten ist die Art leicht zu erkennen. **Standort:** Wächst in Magerrasen und Steinrasen, an Rainen, in Gebüschen und an Waldrändern. Stets auf Kalk. **Verbreitung:** In den Kalkalpen von Tallagen bis 2500 m Höhe zerstreut anzutreffen. In Gebirgen Mittel- und Südeuropas.

Alpen-Labkraut

oben

Galium anisophyllon

5–20 cm, Juli–September

Merkmale: Wächst oft rasenförmig. Die Blüten stehen in lockeren Trugdolden, die Blätter sind stachelspitzig. In den Alpen sind zahlreiche Unterarten sowie weitere ähnliche Labkraut-Arten angesiedelt; sie sind im allgemeinen sehr schwer zu bestimmen. Ihr gemeinsames Merkmal sind die zu Quirlen angeordneten Blätter und die vierzähligen kleinen Blüten. **Standort:** Besiedelt als Pionierpflanze Steinrasen, Felsen und Geröll, aber auch auf Fettweiden. Bevorzugt in sonniger Lage. **Verbreitung:** Im gesamten Alpenraum von 1500–2500 m. In den Gebirgen Mittel- und Südeuropas.

Baldriangewächse Valerianaceae

Berg-Baldrian

unten

Valeriana montana

10–60 cm, April–August

Merkmale: Die typischen Baldrianblüten, die dichte Trugdolden bilden, können von hell lila-rosa bis weiß gefärbt sein. Ähnliche Arten sind der Dreiblättrige Baldrian *(V. tripteris)* mit herzförmigen Grundblättern (an feuchteren Stellen in Bergwäldern, Flachmooren und Felsschutt angesiedelt), der Knollige Baldrian *(V. tuberosa)*, dessen obere Stengelblätter fiederteilig sind (an trockenen Berghängen tieferer Lagen der Südwestalpen) und der Gewöhnliche Baldrian *(V. officinalis)*, bei dem alle Blätter fiederschnittig sind (formenreiche Sammelart). **Standort:** Auf feinerdereichen, bewegten Schuttböden, in lockeren Hochstaudenfluren. Charakterart der Pestwurz-Flur. **Verbreitung:** In den Nord- und Südketten der Alpen von 500–2000 m sowie im Jura. Nordspanische Gebirge, Apennin, Karpaten, Balkan.

Die Baldrianwurzel ist eines der wertvollsten Heilmittel bei nervösen Störungen, Schlaflosigkeit und Verkrampfungen jeder Art. Verwendet wird dazu meist der Gewöhnliche oder Arznei-Baldrian.

Kardengewächse Dipsacaceae

Glänzende Skabiose

oben links

Scabiosa lucida

15–40 cm, Juni–September

Merkmale: Die gegenständigen Blätter der Glänzenden Skabiose sind verschieden gestaltet: Die unteren sind gestielt mit gekerbtem Rand, die oberen fiederspaltig mit schmalen Abschnitten. Zwischen den in Köpfchen zusammengefaßten Einzelblüten sitzen dunkle Borsten. In den Alpen gibt es weitere, oft nicht leicht zu unterscheidende Skabiose-Arten und Bastarde. Ähnlich sehen auch die Witwenblumen *(Knautia)* aus, die im Gegensatz zu den 5 Kronzipfeln der Skabiosen nur 4 Kronzipfel haben. **Standort:** In Magerrasen und auf Felsschutt zu Hause. Bevorzugt warme, sonnige Standorte. **Verbreitung:** In den Alpen zwischen 1000 und 2200 m zerstreut anzutreffen. Ansonsten in den Vogesen, den Pyrenäen, den Karpaten und im Apennin.

Sperrkrautgewächse Polemoniaceae

Blaues Sperrkraut, Blaue Himmelsleiter

oben rechts; gesch. (D)

Polemonium caeruleum

30–100 cm, Mai–September

Merkmale: Das Blaue Sperrkraut ist der einzige europäische Vertreter dieser Familie. Die untersten Blätter sind lang gestielt, die obersten sitzend. Charakteristisch ist die Gestalt der Blüten – die selten auch weiß sein können – mit der radförmig ausgebreiteten Krone und den weit herausragenden Staubblättern. **Standort:** Die seltene Pflanze wächst vor allem als Zierstrauch in Bauerngärten, aber auch verwildert an Wegen und Mauern. Vermutlich urwüchsig sind Exemplare, die in Grauerlenwäldern, an Bachufern, in Moorwiesen oder Steinschuttfluren angetroffen werden. Bevorzugt sickerfeuchte, nährstoffreiche, leicht saure Böden. **Verbreitung:** Im Voralpenland, im Alpenraum überwiegend in den Südwestalpen. Von Tallagen bis in 2000 m Höhe. Jura und Bayerischer Wald. Ansonsten in weiten Teilen Mittel- und Nordeuropas sowie Asiens.

Rauhblattgewächse Boraginaceae

Himmelsherold, Zwerg-Himmelsherold

unten

Eritrichum nanum

gesch. (A, CH, D); 1–5 cm, Juli–August

Merkmale: Die Verwandtschaft mit dem Vergißmeinnicht sieht man diesem Vertreter der Rauhblattgewächse sofort an den Blüten an. Die zart duftende Pflanze wächst in seidig-glänzend behaarten Polstern mit zahlreichen nichtblühenden Rosetten. **Standort:** Auf offenen, steinigen Flächen, in Felsspalten und auf Schutt angesiedelt. Braucht kalkarmes, saures Gestein. **Verbreitung:** In Höhen zwischen 2000 und 3000 m in den Zentral- und Südalpen, jedoch sehr selten.

Kleine Wachsblume

oben links

Cerinthe minor

20–50 cm, Mai–Juli

Merkmale: Typische Merkmale dieser ziemlich seltenen Pflanze sind die etwas herzförmigen, halbstengelumfassenden, blaugrünen Blätter und die gelben (manchmal rot gefleckten) Blüten mit 5 tief eingeschnittenen Kronzipfeln. Die Grundblätter sind am Rand behaart und oft weißlich gefleckt. Die eigentliche Alpenform ist *C. glabra* (Kahle oder Alpen-Wachsblume), deren Kronzipfel kurz, abgerundet und zurückgeschlagen, deren Blätter ohne Haare und Flecken sind; sie wächst in unkrautigen Almwiesen, feuchten Gebüschen und Hochstaudenfluren der subalpinen Stufe bis 2600 m und ist von den Südwestalpen bis Tirol und Bayern (Allgäu) verbreitet. **Standort:** Unbeständig in Unkrautfluren, an Weg- und Ackerrändern. **Verbreitung:** In Mitteleuropa stark zurückgegangen, im wesentlichen nur noch um Regensburg und München.

Schweizer Lotwurz

oben rechts

Onosma pseudarenarium

20–50 cm, Juni–September

Merkmale: Die Pflanze wächst oft buschig, mit nichtblühenden Rosetten und mehreren blühenden Zweigen. Auffällig ist die Art der Behaarung: Die Stengel sind mit kurzen Haaren und langen, brüchigen Borsten besetzt, diese wiederum von kurzen, sternförmig angeordneten Borsten umgeben. Auch die blaßgelben Blüten sind behaart. **Standort:** Auf Felsschutt und in lückigen Rasenbeständen anzutreffen. **Verbreitung:** Zusammen mit einigen nahe verwandten, schwer unterscheidbaren Arten von noch nicht völlig geklärter Verbreitung hauptsächlich in den Süd- und Südwestalpen.

Gebirgs-Vergißmeinnicht

unten

Myosotis alpestris

5–30 cm, Mai–September

Merkmale: Das Vergißmeinnicht mit den schönen hellblauen Blüten dürfte wohl jedem bekannt sein. Unsere zahlreichen Arten sind meist nur an schwer erkennbaren Details, wie der Art der Kelchbehaarung, zu unterscheiden. **Standort:** In Steinrasen, auf Steinschutt, in Staudenfluren und in Schneetälchen anzutreffen. Benötigt nährstoff- und kalkreiche, humose Böden. **Verbreitung:** Im gesamten Apenraum häufig, von 1500 bis etwa 3000 m Höhe. Auch in anderen europäischen Gebirgen.

Blattloser Ehrenpreis

oben links

Veronica aphylla

2–8 cm, Juni–August

Merkmale: Auch in den Alpen gibt es eine große Vielzahl von Ehrenpreis-Arten die oft nicht leicht zu unterscheiden sind. Im Widerspruch zu seinem Namen ist der Blattlose Ehrenpreis durchaus beblättert, blattlos ist nur der Blütenstiel – und das ist ein gutes Unterscheidungsmerkmal gegenüber dem sonst recht ähnlichen Felsen-Ehrenpreis (s.unten). Die kriechende Grundachse treibt zahllose Ausläufer, an deren Enden die Blüten zu 2–6 in langgestielten Ähren stehen. **Standort:** Auf Rasen und Almweiden, in Felsspalten und auf Felsschutt sowie in Zwergstrauchbeständen angesiedelt. **Verbreitung:** Vorwiegend in den Kalkalpen in Höhen zwischen 1500 und 2800 m.

Felsen-Ehrenpreis

oben rechts

Veronica fruticans

5–20 cm, Mai–August

Merkmale: Wichtiges Erkennungsmerkmal ist der dunkel-purpurrote Ring im Schlund der Blüte. Der Stengel ist von Grund an verzweigt, beblättert und etwas verholzt. Eine ähnliche Art ist der Strauchige Ehrenpreis *(V. fruticulosa)* mit hellrosa, dunkel geaderten Blüten (in den Alpen verbreitet). **Standort:** In Felsspalten oder auf steinigen Magerrasen, vorwiegend auf Kalk. Bevorzugt sonnige Standorte. **Verbreitung:** In den ganzen Alpen in Höhen zwischen 1200 und 3000 m verbreitet, ferner im Schwarzwald und in den Vogesen.

Nesselblättriger Ehrenpreis

unten links

Veronica urticifolia

10–70 cm, Mai–Juli

Merkmale: Der Name leitet sich von den recht großen, nesselartigen Blättern ab. Auffällig ist der Blütenstand: Langgestielte, vielblütige, lockere Trauben sitzen in den Achseln der oberen Stengelblätter. Die Pflanze ist nur spärlich behaart. **Standort:** In krautreichen Bergmischwäldern und auf Hochstaudenfluren angesiedelt. Liebt nährstoffreiche, kalkhaltige Böden in humider Klimalage. **Verbreitung:** Im ganzen Alpenraum und im Alpenvorland, bis etwa 2000 m Höhe. Auch in anderen Gebirgen Europas.

Leberbalsam

unten rechts

Erinus alpinus

5–20 cm, April–Juli

Merkmale: Die in lockeren Polstern wachsende Pflanze ist wollig behaart und fühlt sich etwas klebrig an. Die Farbe der Blüten schwankt von purpurrot bis violettrosa, selten kann sie auch weiß sein. **Standort:** In Felsspalten, auf Felssschutt und in steinigen, lückigen Rasengesellschaften angesiedelt. Stets auf Kalk. **Verbreitung:** In den Kalkalpen zerstreut und sehr selten; in Höhen von 1500–2500 m. Im übrigen Europa von Südspanien bis Mittelitalien.
Der Name beruht auf der Ähnlichkeit mit dem Echten Leberbalsam *(Ageratum mexicanum)*. Der Alpen-Leberbalsam hat keine Heilwirkung.

Alpenrachen

oben links

Tozzia alpina

15–50 cm, Juni–August

Merkmale: Die etwas fleischigen Blätter sitzen zum Teil auch inmitten der traubigen Blütenstände. Die goldgelben Blüten sind im Schlund rötlich gefleckt. Insgesamt macht die Pflanze einen sparrig-schlaffen Eindruck, und oft stützt sie sich an der umgebenden Vegetation ab. **Standort:** Der Alpenrachen lebt als Halbparasit besonders auf den Wurzeln des Alpendosts *(Adenostyles)* und ist daher häufig in dessen Nähe anzutreffen. In Hochstaudenfluren, Bergwäldern und Grünerlengebüschen. Braucht feuchten Untergrund. **Verbreitung:** In Höhen von 800 bis etwa 2400 m besonders in den Kalkgebieten der Alpen verbreitet. Auch im Jura, in den Pyrenäen, Norditalien und auf der Balkanhalbinsel.

Zwerg-Augentrost

oben rechts

Euphrasia minima

2–15 cm, Juli–September

Merkmale: Die unscheinbare Pflanze mit den gezähnten Blättern kann verschiedene Blütenfarben haben: Bei stets gelber Unterlippe ist die Oberlippe entweder ebenfalls gelb, kann aber auch rötlich, hellviolett oder weiß gefärbt sein. **Standort:** Auf Almweiden, Rasen und in Zwergstrauchbeständen über Kalk. Als Halbparasit von Gräsern und Sauergräsern ist der Augentrost vor allem in Borstgras- und Seggenrasen angesiedelt. **Verbreitung:** In den Alpen sowie in süd- und mitteleuropäischen Gebirgen häufig. In Höhenlagen zwischen 1200 und 3300 m.
Die Pflanze ist giftig. Zahlreiche weitere Arten sind in den Alpen verbreitet. Einige davon finden, wie der Name verrät, in der Naturheilkunde bei Augenleiden Verwendung.

Gelbes Mänderle

unten

Paederota lutea

10–15 cm, Juni–August

Merkmale: Die nahe Verwandtschaft zu den Ehrenpreis-Arten ist dieser seltenen Pflanze schwer anzusehen. Sie wächst mit aufrechtem bis überhängendem Stengel. Die zitronengelben, röhrenförmigen Blüten sind in einer endständigen Traube mit schmalen Tragblättern zusammengefaßt. Ganz ähnlich im Habitus, aber mit blauen Blüten, ist das Blaue Mänderle (*P. bonarota*; von den Bergamasker bis zu den Julischen Alpen). **Standort:** In Felsspalten, auf Kalk oder Dolomit. **Verbreitung:** In den südöstlichen Kalkalpen zwischen 1000 und 1500 m Höhe.

Großblütiger Fingerhut

oben; gesch. (A, D)

Digitalis grandiflora

50–120 cm, Juni–September

Merkmale: Verwechselt werden kann diese Art nur mit dem kleineren Gelben Fingerhut *(D. lutea)*, der bei uns nur selten vorkommt. Im Gegensatz zu diesem sind die Blüten größer und innen braun gepunktet oder quergeadert. Bekannt ist auch der Rote Fingerhut *(D. purpurea)* mit purpurroten bis hellrosa Blüten (in tieferen Lagen auf kalkarmen Böden anzutreffen). Besonders die großblütigen Fingerhut-Arten werden auch als Zierpflanzen gehegt. **Standort:** Der wärmeliebende Fingerhut besiedelt Waldränder und Böschungen, lückige Rasen und Staudenfluren. Er bevorzugt kalkreiche Böden. **Verbreitung:** Im gesmaten Alpengebiet, besonders aber in den nördlichen und südlichen Kalkketten bis zur Waldgrenze.

Alle Fingerhutarten sind sehr giftig. Sie enthalten Herzgifte, die schon in geringer Dosis tödlich wirken, besonders bei Kindern. Wie bei vielen Giftpflanzen, macht man sich auch hier die Giftstoffe zunutze: Der Fingerhut ist ein wichtiges Heilmittel für Herzkrankheiten.

Alpen-Leinkraut

unten

Linaria alpina

5–10 cm, Juni–August

Merkmale: Die kriechende Pflanze bildet lockere Polster. Typisches Merkmal der kräftig-violetten Blüte ist die safrangelbe Wölbung (»Gaumenfleck«) am Grund der Unterlippe. Verwandte Arten sind das Niederliegende Leinkraut *(L. supina)*, gelbblühend und in den Westalpen beheimatet, und das Bergamasker Leinkraut (*L. tonzigii*; nur in den Bergamasker Alpen), das ebenfalls gelb blüht. Weitere Arten wachsen in tieferen Lagen. **Standort:** Als Schuttkriecher in Pionierrasen, Steinschuttfluren und im Schotter der Alpenflüsse. **Verbreitung:** Besonders in den Kalkalpen häufig. Steigt bis über 4200 m auf, ist aber als Alpenschwemmling auch bis in Tallagen anzutreffen. Außerhalb der Alpen in spanischen Gebirgen, auf der Balkanhalbinsel und im Apennin. Wird von Hummeln bestäubt.

Kärntner Kühtritt, Wulfenie

oben; gesch. (A, D)

Wulfenia carinthiaca

20–40 cm, Juli–August

Merkmale: Unverkennbar. Besonders auffällig sind die bis 15 cm langen, in Rosetten angeordneten Grundblätter; sie sind aufgerichtet, dunkelgrün-glänzend und am Rand gekerbt. Die Blütenstengel tragen nur wenige fast schuppenartige Blätter in der oberen Hälfte. Die blauviolette Blütenkrone ist zweilippig und im Schlund bärtig. **Standort:** Almweiden, Alpenrosengebüsch. Auf feuchten, humosen Böden. **Verbreitung:** Als berühmtes Relikt aus dem Tertiär in Kärnten am Gartnerkofel; sonst nur noch in Montenegro.
Der Kärtner Kühtritt wurde zur Nationalblume Kärntens erhoben.

Alpenhelm

unten

Bartsia alpina

5–30 cm, Juni–August

Merkmale: Die ganze Pflanze ist dicht flaumig behaart. Die halbstengelumfassenden, gegenständigen Blätter sind meist trübviolett überlaufen. Die sehr dunklen Blüten sind in Ähren zusammengefaßt und entspringen den Achseln großer Tragblätter. **Standort:** In Quellmooren und auf feuchten Wiesen, auf Almweiden und Bergwiesen, aber auch in alpinen Steinrasen. Parasitiert als Halbschmarotzer mit unterirdisch kriechender Sproßachse auf den Wurzeln verschiedener Rasenpflanzen. **Verbreitung:** Im ganzen Alpenraum in Höhen von 1000–3000 m anzutreffen; im Jura, den Vogesen und den Pyrenäen. Außerdem im arktischen Eurasien und Nordamerika.
Wird von Hummeln bestäubt. In der Volksmedizin wird der Alpenhelm zur Heilung eiternder Wunden gebraucht.

Gelbes Läusekraut, Beblättertes Läusekraut

oben

Pedicularis foliosa gesch. (A, D); 20–70 cm, Juni–August

Merkmale: Im Habitus unverkennbar. Die hellgelben Blüten stehen in den Achseln gefiederter Tragblätter, die die Blüten überragen. Ähnlich ist das Schopfige Läusekraut *(P. comosa)* mit zweispitzigem »Schnabel« an der Oberlippe (auf Wiesen und Weiden in den West- und Südalpen). **Standort:** Rostseggenrasen, Hochstaudenfluren, Grünerlen- und Latschengebüsche. Bevorzugt feuchte Lehm- und Tonböden; Tonzeiger. Meist auf Kalk. **Verbreitung:** Besonders in den nördlichen Kalkalpen; in den Zentral- und Südalpen nur vereinzelt. Pyrenäen, Apennin, Balkan. In Höhenlagen von 1500–2500 m.
Alle Läusekraut-Arten sind leicht giftige Halbschmarotzer und parasitieren auf den unterschiedlichsten Pflanzen. Die Blätter der Läusekräuter erinnern an Farnwedel.

Gestutztes Läusekraut

unten links; gesch. (A, D)

Pedicularis recutita 20–60 cm, Juni–August

Merkmale: Erkennbar an der gelblich-grünen, dunkel blutrot überlaufenen Blütenkrone und dem dichten Blütenstand. Die helmförmige Oberlippe ist ungeschnäbelt und zahnlos. **Standort:** In Hochstaudenfluren, Grashalden, Grünerlen- und Weidengebüschen. Braucht nährstoffreiche Lehm- und Tonböden. **Verbreitung:** Sehr zerstreut; vor allem in den Zentralalpen in Höhen von etwa 1000–2500 m zu finden.

Quirlblättriges Läusekraut

unten rechts; gesch. (A, D)

Pedicularis verticillata 5–30 cm, Juni–August

Merkmale: Wie der Name verrät, sind die Stengelblätter in einem Quirl angeordnet, daher unverwechselbar. **Standort:** Feuchte Rasen, Quellmoore der alpinen Stufe, auch Schutthalden. Die Pflanze benötigt kalkreiche Böden. **Verbreitung:** In den Zentralalpen selten; in den Kalkalpen zwischen 1000 und 2800 m Höhe anzutreffen. Außerhalb der Alpen in den Pyrenäen, dem Apennin, den Karpaten und auf der Balkanhalbinsel.
Von den rot und rosa blühenden Läusekräutern gibt es in den Alpen eine ziemliche Artenfülle. Man kann sich die oft schwierige Bestimmung erleichtern, wenn man aufgrund der Verbreitung eine Reihe von Arten für einen bestimmten Fundort schon ausschließen kann.

Herzblättrige Kugelblume

oben links; gesch. (D)

Globularia cordifolia

5–10 cm, Mai–September

Merkmale: Die an der Spitze eingebuchteten, rosettig gehäuften Blätter erinnern tatsächlich an die Herzform. Die Pflanze wächst als rasenbildender, immergrüner Spalierstrauch. Von anderen Arten ist sie am leichtesten an den Blättern zu unterscheiden (s. auch folgende Art). **Standort:** Auf Magerweiden, in Steinrasen und auf Schutt und Geröll anzutreffen. Kalkliebender Rohbodenpionier. **Verbreitung:** Vor allem in den Kalkgebieten der Alpen von Tallagen bis etwa 2500 m Höhe. Auch im Alpenvorland.

Nacktstenglige Kugelblume

oben rechts; gesch. (D)

Globularia nudicaulis

5–30 cm, Mai–August

Merkmale: Von den anderen Kugelblumen gut an den bis 15 cm langen Grundblättern zu unterscheiden. Außerdem bildet diese Art keine kriechenden Zweige. **Standort:** In trockenen Magerrasen und in Zwergstrauchbeständen. Braucht kalkhaltigen Untergrund. **Verbreitung:** Fast im gesamten Alpenraum sowie im Alpenvorland verbreitet und häufig. Meist über 1500 m Höhe, bis 2500 m aufsteigend.

Wegerichgewächse Plantaginaceae

Alpen-Wegerich

unten links

Plantago alpina

5–20 cm, Mai–August

Merkmale: Von den im Flachland bekannten Wegerich-Arten durch die sehr schmalen, fast grasartigen Blätter zu unterscheiden. Weitere ähnliche Arten kommen in den Alpen vor. **Standort:** Auf Almweiden, in Magerrasen und sonstigen Rasengesellschaften zu finden; in Schneetälchen. Bevorzugt kalkarme, saure, gut durchfeuchtete Böden. **Verbreitung:** Im gesamten Alpenraum in Höhen von 1000–3000 m.

Wasserschlauchgewächse Lentibulariaceae

Alpen-Fettkraut

unten rechts; gesch. (D)

Pinguicula alpina

5–15 cm, Mai–Juli

Merkmale: Fettkräuter sind »fleischfressende« Pflanzen. An ihren klebrigen Blättern bleiben Fliegen hängen, die dann verdaut werden. Alle anderen in den Alpen vorkommenden Arten haben blauviolette bis hellrosa Blüten und nie gelbe Flecken auf der Unterlippe. **Standort:** Braucht sumpfigen, humosen und kalkhaltigen Untergrund; in Quell- und Flachmooren, auf Rieselfluren und in feuchten Rasen. **Verbreitung:** In den Kalkketten der Alpen, seltener in den Zentralalpen, von Tallagen bis etwa 2700 m Höhe.

Berg-Gamander

Teucrium montanum

oben links
5–20 cm, Mai–August

Merkmale: Der rasenförmig wachsende Zwergstrauch ist an den Ästen und auf der Unterseite der Blätter dicht weißfilzig behaart. Ungewöhnlich an den Blüten ist die fehlende Oberlippe. **Standort:** Die wärmeliebende Pflanze besiedelt trockene, lückige Rasen, felsige Hänge, Schotter- und Steinschuttfluren, die sie bis 1,5 m tief bewurzelt. Kalkliebend. **Verbreitung:** In den Kalkgebieten der Alpen bis etwa 2400 m ansteigend. Gebirge Mittel- und Südeuropas sowie Kleinasien.

Pyramiden-Günsel

Ajuga pyramidalis

oben rechts
10–30 cm, Juni–August

Merkmale: Die pyramidenförmige Gestalt hat der Pflanze ihren Namen gegeben. Der Kriechende Günsel (*A. reptans*; auf nährstoffreichen, feuchten Böden im gesamten Alpenraum) unterscheidet sich durch seine kriechenden Ausläufer. Eine weitere ähnliche Art ist der Genfer Günsel *(A. genevensis)*, dessen Stengelblätter kleiner sind und weniger dicht stehen (auf trockenen Standorten in den Alpen). **Standort:** In Magerwiesen, auf Almweiden, an Waldrändern und in Zwergstrauchbeständen. Bevorzugt feuchte, nährstoffarme Böden und meidet Kalk. **Verbreitung:** Vor allem in den Zentralalpen in Höhenlagen zwischen 1300 und 2800 m häufig. Vogesen, Südschwarzwald, auch weite Teile des Flachlandes.

Klebriger Salbei

Salvia glutinosa

unten links
40–100 cm, Juni–September

Merkmale: Besonders im oberen Teil faßt sich der Stengel recht klebrig an. Zu beachten sind auch die großen Blätter mit herz- oder spießförmigem Grund. **Standort:** In krautreichen Bergwäldern, Schlucht- und Auwäldern, Grünerlengebüschen und Hochstaudenfluren. Benötigt feuchte, nährstoffreiche, humose Böden in schattiger bis halbschattiger Lage. **Verbreitung:** In den Alpen verbreitet, in den Zentralalpen etwas seltener. Alpenvorland, Bayerischer Wald, Jura und Bodenseegebiet. Von Tallagen bis etwa 1500 m.

Alpen-Ziest

Stachys alpina

unten rechts
30–100 cm, Juli–September

Merkmale: Die übereinanderstehenden, blattachselständigen Blütenquirle der recht stattlichen Pflanze fallen sofort ins Auge. Die schmutzig-purpurnen Blüten sind dichtdrüsig behaart. In den Alpen und im Voralpenland kommen einige ähnliche Arten vor. **Standort:** An Waldrändern, in Lichtungen sowie in Hochstaudenfluren. Liebt feuchte, nährstoffreiche, meist kalkhaltige Böden. Stickstoffzeiger. **Verbreitung:** Im Alpenvorland und in den Kalkketten der Alpen in Höhen bis etwa 2000 m. Gebietsweise auch im Flachland.

Alpen-Steinquendel, Alpen-Bergminze

oben

Acinos alpinus

10–30 cm, Juni–Oktober

Merkmale: Die dünnen Stengel der schwach behaarten, oft kriechenden Pflanze sind am Grund meist verholzt. Nicht zu übersehen sind die weißen Zeichnungen auf der dreilappigen Unterlippe der violetten Blüten. **Standort:** Auf Felsschutt und Felsen, in mageren und trockenen Steinrasen, in Latschengebüschen und Bergwäldern. Bevorzugt trockene, sonnige und kalkreiche Standorte. **Verbreitung:** In den Alpen und im Voralpenland bevorzugt in den Kalkgebieten, von Tallagen bis über 2000 m Höhe ansteigend. Außerhalb der Alpen in den Gebirgen Mittel- und Südeuropas bis zum Balkan und Nordafrika.

Dost, Wilder Majoran

unten links

Origanum vulgare

30–60 cm, Juli–Oktober

Merkmale: Die ästige Staude ist in formenreichen Unterarten vertreten, deren kopfig bis doldig gehäufte Blüten purpur- bis rosarot, selten auch weißlich gefärbt sein können. Allen gemeinsam ist der aromatische Duft. Treibt oft Ausläufer. **Standort:** Wächst auf kalkhaltigen, nährstoffreichen, lockeren Böden lichter Standorte: Wald- und Heckenränder, sonnige Gebüschsäume, Staudenhalden, lichte Eichen- und Kiefernwälder, Rasen, Matten sowie Wege und Böschungen. Pionierpflanze. **Verbreitung:** In den Kalkgebieten der Alpen von der Ebene bis in 1800 m Höhe.

Außer als Küchengewürz wird der Dost in der Naturheilkunde geschätzt. Er ist wirksam bei Störungen des Verdauungstraktes und der Atemwege, wirkt nervenstärkend und antiseptisch.

Alpen-Thymian, Langhaariger Thymian

unten rechts

Thymus praecox

2–10 cm, Mai–September

Merkmale: Von ähnlichen Arten läßt sich der Alpen-Thymian am besten durch die Stengelbehaarung unterscheiden: Der Stengel des kriechenden Halbstrauchs ist nur an zwei Seiten behaart. Dadurch unterscheidet er sich von der in tieferen Lagen wachsenden Unterart, bei der alle vier Stengelseiten von Haaren besetzt sind. Eine weitere Variante zeigt der Gewöhnliche Thymian (*T. pulegioides*; auf trockenen, kalkarmen Böden und in lichten Bergwäldern der Alpen beheimatet): Er ist nur an den Stengelkanten behaart. Ähnlich ist auch der Südalpen-Thymian *(T. glabrescens)*, bei dem alle Zweige in ringsum behaarten Blütenstengeln enden (in den Süd- und Ostalpen, meist über 1000 m). **Standort:** Wie seine Verwandten bevorzugt der Alpen-Thymian trockene, kalkhaltige Böden. Er wächst vor allem in Steinrasen des Hochgebirges; auf ruhendem Felsschutt und in lückigen Rasengesellschaften. **Verbreitung:** In den Alpen bis etwa 3000 m Höhe, außerhalb der Alpen in den Gebirgen Süd- und Mitteleuropas anzutreffen.

Kugelige Teufelskralle

oben links

Phyteuma orbiculare

10–50 cm, Mai–September

Merkmale: Die blauvioletten Blüten sind in einem kugeligen Kopf zusammengefaßt. Alle anderen Arten der Teufelskralle unterscheiden sich von unserer Art durch offenere oder walzenförmige Blütenstände und andere Blütenfarben. **Standort:** Braucht feuchte, humose Böden; kalkliebend. Auf Matten, in Magerrasen und lichten Wäldern anzutreffen, seltener auch in Moorwiesen. **Verbreitung:** Besonders in den Kalkalpen bis 2600 m Höhe sowie im Mittelgebirge. Außerhalb Deutschlands in den Pyrenäen, dem Apennin, den Karpaten und auf dem Balkan.
Es existieren formenreiche Unterarten.

Bärtige Glockenblume

oben rechts

Campanula barbata

10–40 cm, Juni–August

Merkmale: Schon auf den ersten Blick fällt die »bärtige«, filzige Behaarung im Inneren der Blütenkrone auf. Ähnlich sieht auch die Blüte der Alpen-Glockenblume aus (*C. alpina*; in den Nordostalpen in steinigen, lockeren Weiden und Wiesen). Bei ihr sind jedoch zusätzlich die Kronzipfel bewimpert, außerdem sind die Kelchblätter fast so lang wie die Krone, sowie die Blütenstiele meist länger als die Blüten. **Standort:** Braucht frische, modrig-humose, stets saure Böden. In alpinen und subalpinen Magerrasen relativ häufig; ferner in Zwergstrauchbeständen und Grünerlengebüschen. **Verbreitung:** Im ganzen Alpenraum bis 3000 m Höhe. Sudeten, Karpaten sowie südliches Norwegen.

Strauß-Glockenblume

unten; gesch. (A, D)

Campanula thyrsoides

10–50 cm, Juni–August

Merkmale: Durch die für Glockenblumen ungewöhnliche gelbe Blütenfarbe und den dichten Blütenstand unverwechselbar. Eine Unterart mit lockerem Blütenstand kommt an Waldrändern und in Gebüschen der Südostalpen vor. **Standort:** Auf humusreichen, feuchten Bergwiesen und auf Felsbändern. Liebt sommerwarme, nährstoffreiche Böden. Tiefwurzler. **Verbreitung:** In den Alpen, besonders in den nördlichen und südlichen Kalkketten; in Höhenlagen von 1500–2600 m. Auch im Jura sowie in den Gebirgen der Balkanhalbinsel beheimatet.

Scheuchzers Glockenblume
oben

Campanula scheuchzeri
5–30 cm, Juni–September

Merkmale: Das Bestimmen unserer zahlreichen Glockenblumen-Arten ist nicht immer einfach, da sich die meisten relativ ähnlich sehen. Die wichtigsten Merkmale dieser lockerrasig wachsenden Art sind: Rundliche Grundblätter mit herzförmigem Grund, zur Blütezeit vertrocknet; linealische Stengelblätter, ganzrandig und am Grund bewimpert; Blüten aufrecht, weitglockig und bis 2,5 cm lang; Kelchzipfel etwa halb so lang wie die Krone und meist aufrecht abstehend. **Standort:** In alpinen Mager- und Steinrasen, auf feuchtem, feinen Felsschutt, in Zwergstrauchbeständen, lichten Latschengebüschen und Bergwäldern. Benötigt mäßig saure, eher nährstoffarme, feuchte Böden. **Verbreitung:** Im gesamten Alpenraum zwischen 1500 und 2200 m häufig anzutreffen; im Jura und im Schwarzwald sowie in den Pyrenäen, im Apennin und auf der Balkanhalbinsel.

Zierliche Glockenblume, Zwerg-Glockenblume
unten

Campanula cochlearifolia
5–20 cm, Juni–September

Merkmale: Wichtiges Merkmal dieser rasenbildenden Art sind die breit eiförmigen und grob gezähnten Grundblätter, die plötzlich in den Blattstiel übergehen. Die Kelchzipfel der breitglockigen Krone sind sehr schmal. Eine ähnliche Art ist die Rasen-Glockenblume (*C. cespitosa*; in den Kalkalpen östlich von Traun und Etsch angesiedelt). Deren Krone ist nach vorne zu schmäler, und die Blätter gehen allmählich in den Blattstiel über. **Standort:** Besiedelt als Schuttkriecher sickerfeuchte, kalkreiche, feinerdereiche Steinschutt- oder Felsböden. An Felsen und in Felsspalten, in Steinschuttfluren, auch im Geschiebe der Alpenflüsse. **Verbreitung:** Bis 3000 m Höhe in den Alpen, besonders in den Kalkgebieten. Als Alpenschwemmling bis weit ins Vorland hinein angesiedelt.

Filziger Alpendost, Grauer Alpendost

oben

Adenostyles alliariae 60–200 cm, Juni–September

Merkmale: Die stattliche Pflanze mit den großen Blättern ist nicht zu übersehen. Der obere Teil des Stengels ist filzig behaart, ebenso die Unterseite der Blätter; hier ist die Behaarung abwischbar. Die Blätter des Kahlen Alpendost *(A. alpina)* sind meist nur unterseits auf den Nerven behaart (wächst nur auf kalkhaltigem Boden in Felsschutt und Karfluren in den Alpen). **Standort:** In staudenreichen Bergmischwäldern und Knieholzbeständen, in Grünerlengebüschen, auch in offenen Staudenfluren oberhalb der Waldgrenze anzutreffen. Braucht sickerfrische, nährstoffreiche Böden; Rohbodenkeimer. **Verbreitung:** In den Alpen zwischen 1000 und 2700 m Höhe häufig.

Alpen-Brandlattich, Grüner Alpenlattich

unten links

Homogyne alpina 10–40 cm, Mai–August

Merkmale: Kriecht mit wollig-schuppigem Wurzelstock. Die etwas eigenartige Blütenform ist unverwechselbar. Es gibt allerdings noch zwei ähnliche Arten: den Zweifarbigen Brandlattich *(H. discolor)*, dessen Blätter nierenförmig und unterseits weißfilzig sind (besiedelt feuchte Böden vom Bergwald bis in alpine Rasen), und den Wald-Brandlattich (*H. sylvestris*; in Bergwäldern der Südostalpen bis etwa 1500 m Höhe zu Hause) mit handförmig gelappten Blättern und oft mehrköpfigen Stengeln. **Standort:** Besiedelt Fichtenwälder, Zwergstrauchgestrüpp, Rasen und Weiden; bevorzugt auf kalkarmen, feuchten sowie sauren und modrig-humosen Böden. Humus-Kriecher. **Verbreitung:** Im ganzen Alpenraum sowie in den Gebirgen des südlichen Mitteleuropa anzutreffen. In Höhenlagen von 500–3000 m.

Alpen-Pestwurz

unten rechts

Petasites paradoxus 10–50 cm, März–Juni

Merkmale: Wächst meist in dichten Gruppen. Die winzigen Einzelblüten sind in kleinen Köpfchen, diese wiederum in Trauben zusammengefaßt. Bei unserer Art sind sie rosa bis weißlich, mit rosafarbenen Hüllblättern. Die Weiße Pestwurz (*P. albus*; in krautreichen Wäldern und Gebüschen von Tallagen bis etwa 1500 m Höhe) hat gelblich-weiße Blüten und grünlich-weiße Stengel- und Hüllblätter, außerdem rundliche bis nierenförmige Grundblätter. Die Gewöhnliche Pestwurz *(P. hybridus)* ist an den roten bis rosa Blüten und der auf die unterseitigen Nerven beschränkten Behaarung der Grundblätter zu erkennen (wächst an Bach- und Flußufern sowie in ufernahen Wäldern und Gebüschen von der Ebene bis in 1500 m Höhe). **Standort:** Besiedelt Felsschutt, Flußgeröll und Mergelrutschen. Als Rohbodenpionier und Schuttkriecher auf sickerfeuchten, humusarmen, aber feinerdereichen Böden anzutreffen. Kalkliebend. **Verbreitung:** In den Kalkgebieten der Alpen häufig, in den Zentralalpen selten. Bis 2000 m Höhe, als Alpenschwemmling bis in die Tallagen.

Großblütige Gemswurz

oben

Doronicum grandiflorum

10–50 cm, Juli–August

Merkmale: Wichtiges Bestimmungsmerkmal sind die Blätter: Die grundständigen sind am Grund seicht herzförmig oder gestutzt, mit Seidenhaaren in den Blattachseln und grob gezähnt bis fast ganzrandig. Die gezähnten Stengelblätter sitzen mit herzförmigem Grund oder stengelumfassendem Stiel und sind mit längeren Zottenhaaren und kurzen Drüsenhaaren besetzt. Bei der Gletscher-Gemswurz (*D. glaciale*; wächst vorwiegend auf kalkfreien Böden in den Ostalpen) sind die länglichen, in den Stiel verschmälerten Grundblätter am Rand mit kurzen Drüsenhaaren und gelegentlich vereinzelten langen, einfachen Haaren besetzt. Eine weiter ähnliche Art ist Clusius Gemswurz (*D. clusii*) mit spatelförmigen, in den Stiel verschmälerten Grundblättern, am Rand mit ziemlich dicken, abstehenden Haaren und dazwischen mit dünnen, gekräuselten Haaren besetzt (auf kalkarmem, lange schneebedecktem Felsschutt über 2000 m in den Zentral- und Südalpen). **Standort:** In Steinschuttfluren, Felsspalten und offenen Rasengesellschaften. Als Schuttkriecher auf feuchten, kalkhaltigen, gern lange schneebedeckten Steinschuttböden. **Verbreitung:** In den Kalkgebieten der Alpen zwischen 1800 und 3000 m Höhe; in den Pyrenäen und auf Korsika.

Arnika, Berg-Wohlverleih

unten links; gesch. (A, D)

Arnica montana

20–60 cm, Mai–September

Merkmale: Die ganze Pflanze ist behaart und drüsig; in grundständiger Rosette sitzen fünfnervige Blätter, am Stengel 1–3 gegenständige Blattpaare; sowohl Zungen- wie Scheibenblüten sind orange- bis dottergelb. **Standort:** Auf trockenen Weiden, in Magerrasen, auch in Mooren. Benötigt kalk- und nährstoffarme, saure Böden. Düngerfliehender Magerkeitszeiger. **Verbreitung:** In den Alpen in Höhen bis 2800 m verbreitet.

Die Arnika ist eine wichtige Heilpflanze. Sie wird verwendet zur Wundheilung bei äußeren und inneren Verletzungen, bei Entzündungen, Infektionen und vielen anderen Krankheiten.

Alpen-Goldrute

unten rechts

Solidago virgaurea

20–100 cm, Juli–Oktober

Merkmale: Unverwechselbar. In tieferen Lagen wächst eine meist höher ragende Unterart mit zahlreicheren Köpfchen in den oft verzweigten Blütenständen. Mit der im Tiefland häufigen (aus Gärten verwilderten) Kanadischen Goldrute *(S. canadensis)* besteht nur geringe äußerliche Ähnlichkeit. **Standort:** Besiedelt lichte, gras- und krautreiche Eichen-, Buchen- oder Nadelmischwälder, Zwergstrauchgesellschaften und Rasen. Auf sommerwarmen, relativ trockenen Böden; kalkneutral. Wurzelt bis 1 m tief. **Verbreitung:** Im gesamten Alpenraum bis 2800 m Höhe. Ferner auf dem Balkan, in Zentralspanien und Nordafrika sowie in Eurosibirien und Nordamerika angesiedelt.

Fuchs-Greiskraut, Fuchs-Hainkreuzkraut
oben links

Senecio fuchsii
60–150 cm, Juli–September

Merkmale: Der dichtbeblätterte Stengel ist oft rot überlaufen. Jedes Blütenköpfchen setzt sich aus 4–8 gelben Zungenblüten und dunkelgelben Scheibenblüten zusammen. Ähnliche Arten sind das Hain-Greiskraut (*S. nemorensis*; an feuchten Standorten in den Alpen über 1000 m Höhe) mit breiteren, unterseits behaarten Blättern, die oberen stengelumfassend; sowie das Dost-Greiskraut *(S. cacaliaster)* ohne oder höchstens mit 1–2 Zungenblüten an den Köpfchen (von den Bergamasker bis zu den Julischen Alpen). **Standort:** Krautreiche Buchen- und Buchenmischwälder, vor allem auf Schlägen; Waldlichtungen, Hochstaudenfluren und Grünerlengebüsche. **Verbreitung:** In den Alpen bis in 2000 m Höhe, zum Teil auch im Voralpenland.

Alpen-Greiskraut, Alpen-Kreuzkraut
oben rechts

Senecio alpinus
20–100 cm, Juli–September

Merkmale: Grundblätter und untere Stengelblätter sind eiförmig, gezähnt und länger als breit, die oberen Stengelblätter hingegen eiförmig-lanzettlich und zur Basis verschmälert; dort können sie fast fiederteilig sein. Die Hülle der Blütenköpfchen ist spinnwebig-wollig behaart. Eine ähnliche Art ist das Berg-Kreuzkraut *(S. subalpinus)*, dessen obere Stengelblätter zerschlitzt bis fiederteilig sind (Ostalpen und Karpaten, in Deutschland nur im Bayerischen Wald). **Standort:** Läger- und Hochstaudenfluren, Almweiden, Erlengebüsche; auch an Wegen. Auf nährstoffreichen, meist kalkhaltigen, tiefgründigen Böden. Stickstoff- und Beweidungszeiger. **Verbreitung:** Fast im gesamten Alpenraum sowie im Voralpenland, in 500–2000 m Höhe.

Eberrauten-Greiskraut
unten links

Senecio abrotanifolius
10–40 cm, Juli–September

Merkmale: Erkennbar an den fiederteiligen, steifen und glänzend-dunkelgrünen Blättern mit schmal-lanzettlichen Abschnitten. Der Stengel ist am Grund etwas verholzt. **Standort:** Zerstreut in Krummholz- und Zwergstrauchgestrüpp oder in offenen Steinrasen sonniger Hänge; auch auf Felsschutt. Bevorzugt sommerwarme, meist modrig-humose Steinböden. Häufiger Begleiter von Kiefern. **Verbreitung:** In den Alpen von 1500–2700 m Höhe.

Graues Greiskraut, Krainer Kreuzkraut
unten rechts; gesch. (D)

Senecio incanus
5–15 cm, Juli–September

Merkmale: Gut zu erkennen an den tief eingebuchteten, etwas an Eichenlaub erinnernden Blättern. Die Blattabschnitte sind oft nochmals etwas zerteilt. Die Pflanze ist dicht weißfilzig behaart. **Standort:** Magerrasen und -weiden. Braucht saure, kalkarme, feuchte Böden. **Verbreitung:** In zwei Rassen (Ost- und Westrasse) fast nur in den Zentralalpen. In 2000–3000 m Höhe.

Alpen-Aster

oben; gesch. (A, D)

Aster alpinus

5–20 cm, Juli–September

Merkmale: Durch die auffällige Färbung unverkennbar. Verwechselt werden kann sie höchstens mit der Berg-Aster *(A. amellus)*, die einen meist mehrköpfigen Stengel sowie spatelige Hüllschuppen hat (besiedelt trockene Hänge von Tallagen bis etwa 1400 m Höhe). **Standort:** In sonnigen, offenen Steinrasengesellschaften und an Felsen angesiedelt. Braucht trockene, möglichst kalkreiche Böden. **Verbreitung:** Im ganzen Alpenraum zerstreut bis in Höhen von 3100 m anzutreffen. In mehreren Rassen von den Pyrenäen bis Asien; auch in Nordamerika ist sie beheimatet.

Alpen-Maßliebchen

unten links

Aster bellidiastrum

5–30 cm, Mai–September

Merkmale: Auf den ersten Blick gleicht die Pflanze dem bekannten Gänseblümchen *(Bellis perennis)*. Sie unterscheidet sich von ihm jedoch durch größere Blätter, größere Blüten auf längeren Schäften und längliche, behaarte Früchte mit rauhen Pappushaaren. **Standort:** Besiedelt offene, sickerfeuchte, gern etwas sumpfige Böden in kühl-humider Lage. Daher auf Quellfluren, in Flachmooren und Blaugrashalden oder schattigen Erdanrissen zu finden. Oft mit Simsenlilien vergesellschaftet. **Verbreitung:** In den Alpen häufig; im Alpenvorland, Südschwarzwald, Jura und Bodenseegebiet. In Gebirgen des östlichen Mittel- und Südeuropas. In Höhenlagen bis über 2800 m.
In der Naturheilkunde wird das Alpen-Maßliebchen als auswurfförderndes Heilmittel geschätzt.

Hallers Wucherblume, Schwarze Wucherblume

Leucanthemum atratum

unten rechts; 10–40 cm, Juli–September

Merkmale: Die Wucherblumen, oder im Volksnamen Margeriten, sind schwer bestimmbar. Es existiert eine ganze Reihe sehr ähnlicher Sippen mit zahlreichen Unterarten. **Standort:** In Felsschutt, Felsspalten und offenen Rasen angesiedelt. Stets auf Kalk. **Verbreitung:** Vorwiegend in den Ostalpen zwischen 1500 und 2800 m.

Schwarze Schafgarbe

oben; gesch. (D)

Achillea atrata

5–30 cm, Juli–September

Merkmale: Ebenso wie die Wucherblumen, sind auch die zahlreichen Arten der Schafgarben oft schwer voneinander zu unterscheiden. Unsere Art zeichnet sich durch die schirmartig-doldige Anordnung der Köpfchen aus sowie durch einen stark verzweigten Wurzelstock. Schwarz bis schwarzbraun sind die Ränder der kelchartigen Hüllblätter. **Standort:** Besiedelt als Schuttwanderer und Schuttkriecher sickerfrische, bewegte Kalkschuttböden. In Schutthalden und auf Steinrasen zu finden. **Verbreitung:** In den Nord- und Südketten der Alpen zwischen 1600 und 2400 m.
Schafgarbe wird in der Naturheilkunde als antiseptisches, krampflösendes und wundheilendes Mittel eingesetzt.

Einköpfiges Berufkraut

unten links

Erigeron uniflorus

5–20 cm, Juni–September

Merkmale: Die Farbe der Zungenblüten ist abhängig vom Untergrund: Auf Kalk blüht das Berufkraut blaßlila oder rosa, auf Silikat weiß. Auch hier existieren zahlreiche ähnliche Arten. Zu Verwechslungen kann es etwa beim Kahlen Berufkraut *(E. glabratus)* und beim Alpen-Berufkraut *(E. alpinus)* kommen, die beide ein- oder mehrköpfig wachsen. **Standort:** Zerstreut in Steinrasen, auf Felsschutt oder in Felsspalten; besiedelt auch gerne wind- und schneegefegte Gratlagen. Benötigt wechseltrockene, saure, modrig-humose Böden. **Verbreitung:** In den Alpen zwischen 1600 und über 3500 m. Auch in arktischen Breiten anzutreffen.

Katzenpfötchen

unten rechts; gesch. (D)

Antennaria dioica

5–30 cm, Mai–August

Merkmale: Die Pflanze ist zweihäusig, das heißt, es gibt Individuen mit ausschließlich männlichen (Staubgefäße) und solche mit ausschließlich weiblichen Blüten (Stempel). Die Blüten sind am Ende des graufilzigen Stengels doldenförmig zusammengedrängt und von Hüllblättern mit trockenhäutigem, rosa oder weißen Anhängsel umgeben. Beim Karpaten-Katzenpfötchen *(A. carpatica)* sind die Hüllblätter braun, mit hellerem Rand, außerdem bildet es keine Ausläufer wie unsere Art. **Standort:** In Weiden- und Magerrasen, in Heiden, Zwergstrauchbeständen oder lichten (Kiefern-)Wäldern anzutreffen. Bevorzugt meist kalkarme, modrig-humose und sandige Lehmböden, auch Torfböden. Magerkeits- und Weidezeiger. **Verbreitung:** In den Alpen von Tallagen bis 3000 m Höhe verbreitet. Außerhalb der Alpen fast in ganz Europa (im Süden nur in den Gebirgen) sowie in Asien, Nordamerika und Grönland beheimatet.
Durch Düngung ist das Katzenpfötchen gefährdet. Früher war es ein gebräuchliches Mittel gegen Hautausschläge, vor allem die Gürtelrose.

Edelweiß

oben; gesch. (A, D)

Leontopodium alpinum

5–20 cm, Juli–September

Merkmale: Als typische Alpenblume allgemein bekannt und unverwechselbar. Weißfilzige Hochblätter, die die ausschließlich aus Röhrenblüten zusammengesetzten Blütenköpfchen umgeben, erwecken den Anschein einer großen Blüte. **Standort:** Besiedelt sonnige Steinrasen, Matten oder Felsbandgesellschaften, meist in Südlagen. Bevorzugt auf Kalk. Daß die Art heute nur noch an unzugänglichen Felswänden und kaum noch auf Matten, ihrem eigentlichen Standort, vorkommt, hängt mit der jahrhundertelangen Verfolgung durch den Menschen zusammen. **Verbreitung:** Zwischen 1800 und 3000 m Höhe im ganzen Alpenraum, aber sehr selten. Gelegentlich als Alpenschwemmling auch in tieferen Lagen auf den Kiesbänken der Alpenflüsse zu finden. In Mittel- und südeuropäischen Gebirgen.

Ochsenauge

unten

Buphthalmum salicifolium

20–50 cm, Juni–August

Merkmale: Bei dieser großblütigen, weichhhaarigen Staude gilt es wieder auf die unterschiedlichen Blätter zu achten: Die oberen Blätter sitzen an dem weichhaarigen Stengel, die unteren sind gestielt. Das Prächtige Ochsenauge *(Telekia speciosissima)* unterschediet sich von unserer Art durch breit-eiförmige, ledrige Blätter sowie kurzhaarige Früchte mit ungeflügelten Kanten (auf Felsschutt und in Felsspalten bis etwa 1800 m Höhe). **Standort:** In sonnigen Magerrasen und -weiden, in Staudenhalden, in Gebüschsäumen und lichten Eichen- und Kiefernwäldern anzutreffen; auch in trockenen Moorwiesen. Besiedelt sommerwarme, mäßig trockene, kalkhaltige Böden; bisweilen auch als Pionierpflanze auf Rohböden. **Verbreitung:** Zerstreut im Alpenvorland und in den Nord- und Südalpen vorzufinden; in den Zentralalpen selten; bis etwa 2000 m Höhe. In zahlreichen europäischen Gebirgen.

Silberdistel, Stengellose Eberwurz

oben; gesch. (A, D)

Carlina acaulis

3–40 cm, Juni–September

Merkmale: Allgemein bekannt. **Standort:** Die wärmeliebende Pflanze besiedelt sonnige Magerweiden und -rasen, Heiden, Wege und Böschungen. Braucht sommerwarme, mäßig trockene Böden. Tiefwurzelnder Weideanzeiger. Eine ähnliche Art ist die Akanthusblättrige Eberwurz (*C. acanthifolia*; nur in den Südwestalpen), deren innere Hüllblätter auf der Innenseite gelb sind. Die nah verwandte Golddistel *(C. vulgaris)* mit wenig zerteilten Blättern und bräunlichen bis strohfarbenen Hüllblättern unterscheidet sich sofort durch ihren höheren Wuchs. **Verbreitung:** In mehreren Rassen im ganzen Alpenraum bis 2800 m Höhe zerstreut anzutreffen. Im übrigen Europa von Zentralfrankreich bis Zentralspanien und Nordgriechenland, auch im Flachland.

Im Mittelalter galt die Silberdistel als Heilmittel gegen die Pest.

Wollige Kratzdistel

unten links; gesch. (A)

Cirsium eriophorum

50–200 cm, Juli–September

Merkmale: Den Namen verdankt diese Kratzdistel-Art ihrem wollig behaarten Stengel. Auch die Hülle der Blütenköpfe ist spinnwebartig wollig behaart. Ein wichtiges Erkennungsmerkmal sind ferner die stark dornigen, am Rand nach unten eingerollten Abschnitte der Blätter. **Standort:** Wächst gesellig in staudenreichen oder offenen Unkrautfluren, an Wegen und Viehplätzen, in Magerweiden. Liebt sommerwarme, mäßig trockene, nährstoffreiche Böden. Pionierpflanze. **Verbreitung:** Im ganzen Alpenraum zerstreut anzutreffen; stellenweise fehlend. Bis 2100 m Höhe.

Stachelige Kratzdistel, Alpen-Kratzdistel

unten rechts

Cirsium spinosissimum

20–100 cm, Juli–August

Merkmale: Der Habitus ist unverkennbar. Die Grundblätter sind kurzgestielt, die Stengelblätter mit herzförmigem Grund sitzend. Wichtiges Merkmal sind auch die vielen blaß-gelbgrünen, dornig gezähnten Hüllblätter, die die zahlreichen Blütenköpfe umgeben. **Standort:** In staudenreichen Unkrautfluren und Viehlägern; auch auf Schneeböden und Karfluren. Bevorzugt feuchte, nährstoffreiche Böden. Stickstoffzeiger und Bodenfestiger. **Verbreitung:** Nur in den Alpen, zwischen 1600 und über 3000 m Höhe, meist häufig.

Berg-Flockenblume

oben links; gesch. (A)

Centaurea montana

30–80 cm, Mai–August

Merkmale: Von unserer Wiesen-Flockenblume *(C. jacea)* unterscheidet sich die Berg-Flockenblume schon durch die tief-blauviolette (nicht lila) Blütenfarbe. Verwechslungsmöglichkeit besteht nur mit Triumfettis Flockenblume *(C. triumfetti)*. Deren Hüllschuppen sind im Gegensatz zu unserer Art am Rand regelmäßig gefranst. Die Fransen sind sehr breit und können auch hell gefärbt sein (von den Seealpen und Savoyen durch die Südalpen bis Krain sowie am Nordostalpenrand beheimatet). **Standort:** Sonnige Berg- und Schluchtwälder, Hochgras- und Hochstaudenhalden. Liebt sommerwarme, frische und nährstoffreiche Böden. Häufig auf Kalk. **Verbreitung:** Besonders in den nördlichen und zentralen Alpen zerstreut anzutreffen. Stellenweise selten oder fehlend. In Höhen bis 2100 m. In mittleren und höheren Gebirgslagen Mittel- und Südeuropas.
Schon seit dem 16. Jahrhundert wird die Berg-Flockenblume als Gartenpflanze geschätzt.

Perücken-Flockenblume

oben rechts

Centaurea pseudophrygia

20–80 cm, Juli–September

Merkmale: Die rauhhaarige Pflanze ist am besten zu erkennen an den Anhängseln der mittleren Hüllschuppen: Sie sind eiförmig schwarzbraun und allmählich in eine fadenförmige, meist zurückgekrümmte, federartig gefranste Spitze verlängert, was den Blütenköpfen ein wuscheliges Aussehen gibt. Es gibt jedoch formenreiche Unterarten. Eine ähnliche Art ist die Schmalschuppige Flockenblume *(C. stenolepis)*, deren oberste Stengelblätter fein gesägt sind (am östlichen Nordalpenrand zu finden). **Standort:** In Gebirgswiesen, Gebüschen und an Waldrändern. Bevorzugt feuchte, humose, gern kalkarme Lehmböden. **Verbreitung:** In den Alpen zerstreut bis 2000 m Höhe; in weiten Gebieten Europas.

Alpen-Milchlattich, Milchkraut

unten

Cicerbita alpina

50–200 cm, Juli–September

Merkmale: Die reichlich Milchsaft führende Pflanze (Name!) kann kaum verwechselt werden. Ähnlich sieht ihr nur Plumiers Milchlattich (*C. plumieri*; auf meist kalkfreien Böden in den Westalpen zu Hause). Dieser ist jedoch im oberen Teil kahl, oft verzweigt, und die Früchte haben einen breiten Rand. **Standort:** Gesellig in Hochstaudenfluren und im Hochstaudengebüsch; auch in hochstaudenreichen Bergmischwäldern, vor allem auf Verlichtungen. Liebt sickerfrischen, nährstoffreichen, humosen Untergrund. **Verbreitung:** In den Alpen ziemlich häufig in Höhen zwischen 1000 und 2000 m, in den Westalpen zum Teil durch Plumiers Milchlattich ersetzt. In den Vogesen und im Schwarzwald, aber auch in den Pyrenäen, Nordspanien und Zentralfrankreich beheimatet.

Einköpfiges Ferkelkraut

oben links

Hypochoeris uniflora

20–50 cm, Juli–September

Merkmale: Der Stengel der steifhaarigen Pflanze ist unter dem Kopf auffallend verdickt. Die ungestielten, niemals gefleckten Blätter mit kräftigem Mittelnerv liegen nicht dem Boden an. Hülle und oberster Teil des Stengels sind meist mit dichten schwarzen Haaren besetzt; die äußeren Hüllblätter am Rand zerrissen. Ähnlich ist der Berg-Pippau *(Crepis montana)*, erkennbar an der fehlenden Verdickung des Stengels unter dem Köpfchen sowie an der kraus-weißen Behaarung der Hülle und des oberen Stengels. **Standort:** Magerrasen, Weiden und Zwergstrauchheiden; auf sauren, kalkfreien Böden. **Verbreitung:** Zentral- und Südalpen von 1500 bis über 2500 m.

Gold-Pippau

oben rechts

Crepis aurea

5–30 cm, Mai–September

Merkmale: Charakteristisches Merkmal ist die Blütenfarbe, die von orangegelb bis feuerrot variieren kann (vgl. Orangerotes Habichtskraut auf folgender Doppelseite). Der meist unverzweigte, blattlose Stengel ist im unteren Teil kahl und nach oben zu schwarz behaart. **Standort:** An Wegen, auf Weiden; auch in Schneeboden- oder Lägergesellschaften anzutreffen. Besiedelt als Nährstoffzeiger feuchte und nährstoffreiche, saure, meist entkalkte Böden. **Verbreitung:** In Höhen zwischen 1500 und 2500 m in den Alpen häufig.

Schabenkraut-Pippau

unten links

Crepis pyrenaica

20–80 cm, Juni–September

Merkmale: Ein bis oben reich beblätterter und abstehend-steifhaariger Stengel zeichnet diese Art aus. Die Blätter sind eiförmig-lanzettlich, gezähnt und kurzhaarig. Die Grundblätter sind zur Blütezeit verwelkt. **Standort:** In Hochstaudenfluren und Wildgrashalden, auch auf steinigen Wiesen angesiedelt. Benötigt feuchte, nährstoffreiche, meist kalkhaltige Böden. **Verbreitung:** Zwischen 800 und 2200 m, vor allem in den Nordalpen; stellenweise fehlend. Auch in den Vogesen und im Schwarzwald.

Schweizer Löwenzahn

unten rechts

Leontodon helveticus

10–30 cm, Juli–September

Merkmale: Von zahlreichen ähnlichen Arten durch mehrere schwärzliche, schuppenartige Blätter unter den Köpfchen zu unterscheiden. Auch die Hülle ist mit abstehenden schwarzen sowie krausen hellen Haaren besetzt. Die Stengel sind meist einköpfig, die Köpfchen vor dem Blühen aufrecht. **Standort:** Magerrasen und -weiden, Bergwälder, Latschengebüsche; auch an feuchten Felsen und auf Schneeböden. Rohbodenpionier. **Verbreitung:** Besonders in den Silikatgebieten der Alpen ziemlich häufig. In 1500–2800 m Höhe. Von Südfrankreich bis Jugoslawien in den Gebirgen.

Alpen-Habichtskraut

oben

Hieracium alpinum

5–30 cm, Juni–September

Merkmale: Die Gattung der Habichtskräuter ist in den Alpen in zahlreichen Arten und Unterarten vertreten. Unsere Arten stellen nur einen kleinen Ausschnitt der mehreren hundert Sippen dar. – Der meist einköpfige, wenig beblätterte Stengel des Alpen-Habichtskrauts ist auf der ganzen Länge mit abstehenden einfachen und unterschiedlich langen Drüsenhaaren bedeckt. Drüsenhaare sitzen auch reichlich an den breit-lanzettlichen Grundblättern, besonders an den Rändern. Stengelblätter können fehlen oder sind sehr klein. Die Pflanze ist milchsaftführend. **Standort:** Besiedelt Weiden und Rasen sowie Zwergstrauchgestrüpp. Stets auf sauren Böden. Lichtliebender Rohhumuswurzler. **Verbreitung:** Besonders in den Silikatgebieten der Alpen zwischen 1000 und 3000 m Höhe verbreitet; in den Westalpen selten. Als arktisch-alpine Art in ganz Nordeuropa beheimatet.

Zichorien-Habichtskraut, Endivien-Habichtskraut

Hieracium intybaceum

unten links; 5–30 cm, Juli–September

Merkmale: Auffallend sind die schwefelgelben Blüten. Die ganze Pflanze ist mit gelblichen Drüsenhaaren dicht umhüllt, die sie klebrig und unangenehm riechend machen. **Standort:** In Felsspalten, sonnigen Felsfluren und lückigen Rasen; auch in Zwergstrauchbeständen. Stets auf kalkarmen Böden. **Verbreitung:** Nicht häufig in den Silikatgebieten der Alpen sowie in den Vogesen; hauptsächlich zwischen 1700 und 1900 m Höhe.

Orangerotes Habichtskraut

unten rechts

Hieracium aurantiacum

20–60 cm, Juni–August

Merkmale: Diese Art besitzt dünne, zerbrechliche unterirdische Ausläufer. Der hohle Stengel ist lang schwärzlich behaart, im oberen Teil drüsig. Wichtigstes Bestimmungsmerkmal ist jedoch die feuerrote bis gelborange Farbe der Blüten, deren Köpfchen doldentraubig zusammengefaßt sind (vgl. auch Gold-Pippau auf voriger Doppelseite). **Standort:** Gesellig in Magerweiden und -rasen sowie in Zwergstrauchheiden. Benötigt eher saure, tonige, nährstoffarme Böden. **Verbreitung:** In den Alpen zwischen 1000 und 2500 m häufig; in den übrigen Gebirgen Europas ebenfalls anzutreffen.
Auch als Zierpflanze bekannt. Es gibt mehrere Unter- und Zwischenarten.

Weißer Germer

oben links

Veratrum album

50–150 cm, Juni–August

Merkmale: Im nichtblühenden Zustand unterscheidet sich der Germer von den großen Enzian-Arten (gegenständige Blätter!) durch die wechselständige Anordnung der Blätter. Der Gewöhnliche Germer (*V. lobelianum*; Standort und Verbreitung ähnlich) ist an den auch innen grünlichen Blütenblättern erkennbar. Alle Arten sind hochgiftig. **Standort:** Alpenweiden, Viehläger, Hochstaudenfluren und Moorwiesen, gelegentlich auch präalpine Auwälder. Auf frischen bis nassen, vorzugsweise kalkhaltigen Böden. **Verbreitung:** In den Alpen in Höhen bis 2600 m anzutreffen; auch im Alpenvorland, im Bayerischen Wald, im Jura und im Bodenseegebiet.

Weißer Affodil

oben rechts

Asphodelus albus

30–120cm, Mai–August

Merkmale: Nicht zu verwechseln. Die trichterförmigen Blüten sind in einer langen, dichten Traube zusammengefaßt. Die langen, fleischigen Blätter sind ausschließlich grundständig. **Standort:** Auf Bergwiesen und in Gebüschsäumen. Stets auf Kalk. **Verbreitung:** In den Südalpen sowie im Mittelmeerraum (Spanien, Süd- und Westfrankreich, westlicher Balkan) in Höhenlagen von 1000 bis über 2000 m beheimatet.

Feuer-Lilie

unten links; gesch. (A, CH, D)

Lilium bulbiferum

20–100 cm, Mai–Juli

Merkmale: Unverwechselbar. Neben den prächtigen Blüten fallen die in den Achseln der oberen Stengelblätter sitzenden Brutknospen (Bulbillen) auf. **Standort:** In Bergwiesen oder Gebüschen, in Saum- und Staudengesellschaften, an Waldrändern. Besiedelt frische, nährstoffreiche Lehmböden. **Verbreitung:** In den Zentral- und Nordalpen sehr selten, in den Südalpen häufiger. Vom Tiefland bis über 2000 m Höhe. Außerhalb der Alpen bis Norddeutschland, in Spanien, Süditalien und auf der Balkanhalbinsel.

Türkenbund-Lilie

unten rechts; gesch. (A, CH, D)

Lilium martagon

30–120 cm, Juni–August

Merkmale: An der turbanartigen Form der Blüten gut zu erkennen. Ähnlich ist die Krainer Lilie *(L. carniolicum)*, jedoch sind deren Blüten feuerrot mit schwarzen Punkten, die Blätter nur wechselständig. Eine weitere ähnliche Art ist die Turban-Lilie *(L. pomponium)* mit roten Blüten und sehr schmalen Blättern (in tieferen Lagen der Südwestalpen). **Standort:** Krautreiche Laub- oder Nadelwälder und subalpine Hochstauden-Gesellschaften, auch Latschengebüsche. Bevorzugt saure, nährstoffreiche, humose Böden. **Verbreitung:** Im ganzen Alpenraum, vor allem in Kalkgebieten, bis über 2000 m Höhe. Ferner in den Vogesen und im Südschwarzwald sowie in ganz Europa.

Hunds-Zahnlilie

oben; gesch. (A)

Erythronium dens-canis

10–40 cm, Februar–April

Merkmale: Kleine, seitliche, zahnartige Anhängsel an den inneren Blütenblättern haben dieser Art wohl ihren Namen gegeben; daran und an den gefleckten Blättern ist sie eindeutig identifizierbar. **Standort:** In Laubwäldern und Gebüschen, gelegentlich auch auf Felsschutt und in Wiesen. **Verbreitung:** Nur in den Südalpen zwischen 500 und etwa 2000 m Höhe. Außerhalb der Alpen von Spanien bis zum Balkan sowie in Teilen Asiens.

Späte Faltenlilie

unten; gesch. (A, D)

Lloydia serotina

5–15 cm, Juni–August

Merkmale: Die zierliche Pflanze mit den dünnen, grasartigen Blättern ist kaum zu verwechseln. **Standort:** Besiedelt saure, humose, meist kalkfreie Böden in früh schneefreien Lagen: alpine Rasengesellschaften, windexponierte Grate, Felsspalten. **Verbreitung:** Besonders in den Silikatmassiven der Alpen. Stellenweise fehlend. In Höhenlagen von 1800–3000 m. Auch in den Karpaten, Zentralasien sowie in Nordamerika beheimatet.

Gewöhnliche Simsenlilie, Kelch-Simsenlilie

oben links

Tofieldia calyculata

10–30 cm, Juni–August

Merkmale: Wichtigstes Merkmal der grasartigen Pflanze: Unterhalb der Blüte sitzt ein dreilappiger Außenkelch (»calyculus« = Kelchlein). Die schwertförmigen Blätter sind am Grund gehäuft und etwas größer als am Stengel. Der ähnlichen, aber viel selteneren Kleinen Simsenlilie (*T. pusilla*; an feuchten, moorigen Standorten über 1800 m zu finden) fehlt der Calyculus. **Standort:** Besiedelt Flach- und Quellmoore, Moorwiesen, schattige Böschungen und steinige Alpenrasen. Braucht feuchte, sumpfige, kalkhaltige Böden, auch Rohböden. Kalk- und Feuchtigkeitszeiger. **Verbreitung:** Hauptsächlich in den Nord- und Südalpen von der Ebene bis über 2000 m Höhe zu finden. In weiten Teilen Europas.

Schnittlauch

oben rechts

Allium schoenoprasum

15–50 cm, Mai–August

Merkmale: Die Wildform unserer bekannten Gewürzpflanze unterscheidet sich von dieser durch schmalere, mehr rötlich bis rosa gefärbte Blütenblätter sowie den blattlosen Stengel. Eine andere ähnliche Art ist der Berg-Lauch (*A. senescens*; auf Felsschutt und in trockenen Rasen der Alpen verbreitet) mit kantigem, oben zweischneidigem Stengel und grasartigen, d.h. flachen Blättern. **Standort:** Auf frischen, nährstoffreichen Böden: feuchte Schotterflächen, Sumpfwiesen, Quellfluren, nasse Rasenbestände. **Verbreitung:** In den Alpen und allen anderen europäischen Gebirgen sowie in Asien und Nordamerika. Von der Ebene bis etwa 2600 m Höhe.

Allermannsharnisch

unten; gesch. (D)

Allium victorialis

30–80 cm, Juni–September

Merkmale: Gut zu erkennen an den vielblütigen, kugeligen Scheindolden mit weißlicher, häutiger Hülle. Der ähnliche Bärlauch (*A. ursinum*; in feuchten Laub- und Mischwäldern, auch im Flachland) unterscheidet sich durch eine flache, wenigblütige Scheindolde mit weißen Blüten und breite, grundständige Blätter; außerdem blüht er früher im Jahr, nämlich im April bis Juni. **Standort:** Im Bereich der Waldgrenze an offenen, hochrasigen Hängen zu finden. In Seggenrasen, Latschengebüschen und auf Almweiden. Besiedelt mäßig feuchte, eher saure Böden. **Verbreitung:** In den Alpen in Höhen zwischen 1000 und 2500 m häufig; in ganz Eurasien in den Gebirgen beheimatet.

Die Zwiebel des Allermannsharnisch ist von einem dichten Netz faserähnlicher Hüllen wie von einem Panzer umgeben. Deshalb wurde sie früher als Amulett zum Schutz vor physischen und psychischen Verletzungen getragen.

Frühlings-Krokus

oben; gesch. (D)

Crocus vernus

5–15 cm, Februar–April

Merkmale: Als Zierpflanze allgemein bekannt. Die wilde Art hat weiße, purpurne oder gestreifte Blüten. Die Lichtblume *(Bulbocodium vernum)* blüht ähnlich, aber mit 6 statt 3 Staubblättern; außerdem erscheinen die Blätter nicht wie bei unserer Art erst während oder nach der Blütezeit, sondern gleichzeitig. **Standort:** Bergwiesen, lichte Wälder und Gebüsche; auch Sumpfwiesen. Meist in großen Gruppen. Liebt nährstoffreiche, lehmige Böden. **Verbreitung:** Im ganzen Alpenraum bis in 2700 m Höhe; Jura, Zentralmassiv, Pyrenäen, Karpaten, Apennin und auf der Balkanhalbinsel.
Die Zwiebeln werden durch Wühlmäuse verbreitet.

Narzissengewächse Amaryllidaceae

Weiße Narzisse

unten; gesch. (A, D)

Narcissus poeticus

30–50 cm, April–Juni

Merkmale: Unverwechselbar. Die ähnliche Osterglocke *(N. pseudonarcissus)* blüht gelb und ist zerstreut in den Westalpen zu finden. Eine Unterart, die Dichter-Narzisse, unterscheidet sich von unserer Art dadurch, daß nur 3 der 6 Staubblätter aus der Blütenröhre ragen (vor allem in den West- und Südalpen). **Standort:** Selten, aber gesellig in frischen Bergwiesen anzutreffen. Auch in Gebüschen und lichten Wäldern. Benötigt nährstoffreiche, eher saure, humose Lehmböden. **Verbreitung:** Vor allem in den Südalpen in Höhen bis etwa 2000 m zu finden; gelegentlich auch im Voralpenland sowie auf der westlichen Balkanhalbinsel.
Die giftige Pflanze wird auch kultiviert.

Frauenschuh

oben; gesch. (A, CH, D)

Cypripedium calceolus

20–70 cm, Mai–Juli

Merkmale: Unverwechselbar. Im Gegensatz zu anderen Orchideen hat der Frauenschuh neben der Lippe (dem gelben »Schuh«) nur 4 statt 5 Perigonblätter; von den drei äußeren sind zwei miteinander verwachsen. **Standort:** Lichte Laub- oder Nadelwälder, Gebüsch. Bevorzugt sommertrockenen, gern modrig-humosen Untergrund. Stets auf Kalk oder Dolomit. **Verbreitung:** In den Alpen sowie in Mittel- und Nordeuropa weit verbreitet, jedoch sehr zerstreut und stellenweise selten. Stark bedrohte Art!
Der lateinische Name leitet sich von dem Schuh der antiken Liebesgöttin Zypris (Aphrodite) ab.

Schwertblättriges Waldvögelein, Langblättriges Waldvögelein

unten links; gesch. (A, CH, D)

Cephalanthera longifolia

15–45 cm, Mai–Juni

Merkmale: Die Waldvögelein-Arten sind an ihrer ausgefallenen Blütenform gut von den anderen Orchideen zu unterscheiden. Unserer Art ähnelt das Weiße Waldvögelein *(C. damasonium)* mit gelblich-weißen (statt reinweißen) Blüten, mit einer geringeren Zahl von Blüten und mit mehrnervigen, breiteren und kürzeren Blättern. **Standort:** Besiedelt lichte Buchen- seltener Eichenwälder sowie Kiefernwälder und Gebüsche. Auf mäßig trockenen, humosen, oft kalkarmen Böden in halbschattiger Lage. **Verbreitung:** In den Alpen bis 1300 m Höhe, auch im Voralpenland; Schwarzwald, Vogesen.

Braunrote Stendelwurz

unten rechts; gesch. (A, CH, D)

Epipactis atrorubens

20–60 cm, Juni–August

Merkmale: Die rot überlaufene, flaumige Staude ist an ihren braunroten Blüten gut zu erkennen; auch an ihrem nelkenartigen Duft. Eine ähnliche Art ist die Breitblättrige Stendelwurz *(E. helleborine)* mit grünlichen bis rosa Blüten sowie schwacher Behaarung auf Fruchtknoten und oberen Stengeln (in den Alpen in Wäldern aller Art bis 1500 m Höhe). **Standort:** In lichten Misch- und besonders Kiefernwäldern und in lichtem Gebüsch anzutreffen. Besiedelt trockene, warme, nährstoffarme, meist kalkreiche Böden. **Verbreitung:** Vor allem in den Kalkketten der Alpen von Tallagen bis über 2000 m. Auch im übrigen Europa; im Flachland nicht überall. Außerhalb Europas in Syrien und im Kaukasus.

Grüne Hohlzunge

oben links; gesch. (A, CH, D)

Coeloglossum viride

5–30 cm, Mai–August

Merkmale: An der helmartigen Blütenform mit dem sehr kurzen, gelbgrünen Sporn ist die recht unscheinbare Hohlzunge leicht zu erkennen. Die Farbe der Blüten schwankt von grün über grüngelb bis braunrot. Eine ähnliche Art ist die Alpen-Zwergorchis *(Chamorchis alpina)*; deren Lippe ist jedoch ungeteilt oder höchstens schwach dreilappig; die Blätter sind grasartig und rinnig gefaltet. **Standort:** Saure, kalkfreie Magerrasen, lichte Wälder und Gebüsche. Besiedelt modrig-humose, mäßig saure Böden. Magerkeitszeiger. **Verbreitung:** Von der Ebene bis in 2500 m Höhe in den Alpen und im Voralpenland.

Wohlriechende Händelwurz

oben rechts; gesch. (A, CH, D)

Gymnadenia odoratissima

15–50 cm, Mai–August

Merkmale: Die Blüten der stark duftenden Orchidee sind stets ohne Zeichnung und in lockeren Ähren zusammengefaßt. Sie ähnelt der häufigeren Mücken-Händelwurz *(G. conopea)*, die jedoch einen viel längeren dünnen Sporn trägt. **Standort:** In lichten Kiefernwäldern (auch im Voralpenland), in Gebüschlücken, an rasigen Hängen und in Moorwiesen anzutreffen. Besiedelt wechseltrockene, humose, meist kalkhaltige Böden. **Verbreitung:** In den Kalkalpen, seltener in den Zentralalpen von Tallagen bis über 2000 m Höhe relativ häufig. Außerhalb der Alpen von Nordspanien bis Mittelrußland und Südskandinavien in den Gebirgen beheimatet.

Weißzüngel, Weiße Höswurz

unten links; gesch. (A, CH, D)

Pseudorchis (Leucorchis) albida

10–30 cm, Mai–August

Merkmale: Von der Wohlriechenden Händelwurz (s.oben) unterscheidet sich die Weiße Höswurz durch stets weiße Blüten, deren Perigonblätter alle zusammengeneigt sind, sowie den Sporn, der nur halb so lang ist wie der Fruchtknoten. **Standort:** Magere Rasen und Weiden, Zwergstrauchbestände und trockene Bergwälder. Nur auf sauren, kalkfreien Böden. **Verbreitung:** Besonders in den Zentralalpen in 1500–2500 m Höhe.

Schwarzes Kohlröschen

unten rechts; gesch. (A, CH, D)

Nigritella nigra

10–30 cm, Juni–August

Merkmale: Am kugeligen bis eiförmigen Blütenstand leicht zu erkennen. Es duftet stark nach Vanille. Die Blütenfarbe variiert von Schwarz- bis Hellrot; die helleren Exemplare können mit dem – allerdings früher blühenden – Roten Kohlröschen *(N. nigra* ssp. *rubra)* verwechselt werden, das an den gleichen Standorten zu finden ist. **Standort:** Benötigt mäßig feuchte und mäßig saure Böden und siedelt sich in sonnigen Bergwiesen an. **Verbreitung:** Im ganzen Alpenraum von 1000–2800 m relativ häufig; auch im Voralpenland und im Südschwarzwald. In vielen Gebirgen Europas.

Kugel-Knabenkraut, Kugelorchis

oben links; gesch. (A, CH, D)

Traunsteinera globosa

20–50 cm, Mai–Juli

Merkmale: Der kugelige bis kegelförmige Blütenstand ähnelt zwar dem des Kohlröschens (s. S. 168/169), die Blüten sind von ihm aber an der dunkel gepunkteten, tief dreilappigen Lippe zu unterscheiden. **Standort:** Bergwiesen und Magerrasen, Hochstaudenfluren, Latschengebüsche. Bevorzugt eher feuchte, humose, meist kalkhaltige Böden. **Verbreitung:** In den Alpen und im Alpenvorland etwa zwischen 1000 und 3000 m; Vogesen, Schwarzwald und Jura. Gebirge Mittel- und Südeuropas von den Pyrenäen bis zum Kaukasus.

Brand-Knabenkraut

oben rechts; gesch. (A, CH, D)

Orchis ustulata

10–30 cm, Mai–August

Merkmale: Die schwarzroten Knospen der oberen Blüten erwecken den Eindruck, als sei der Blütenstand angebrannt, daher der Name dieser Orchidee. Ein weiteres charakteristisches Merkmal sind die roten Punkte auf der weißen Lippe. **Standort:** Magere Wiesen und Weiden, lichtes Gebüsch. Die wärmeliebende Pflanze benötigt eher nährstoffarme, nicht zu trockene Böden und ist kalkneutral. **Verbreitung:** In den Alpen von Tallagen bis 2000 m Höhe. Fast in ganz Europa beheimatet.

Holunder-Knabenkraut

unten; gesch. (A, CH, D)

Dactylorhiza sambucina

15–30 cm, April–Juli

Merkmale: Die Blütenfarbe dieser Orchidee ist entweder rot mit gelblicher Tönung am Grund der Lippe oder gelb mit rot getupfter Lippe. Oft wachsen beide Formen nebeneinander. Die sehr großen Blüten sind in einer kurzen, dichten Ähre zusammengefaßt. Gelegentlich, aber nicht immer strömen sie einen holunderartigen Duft aus. Es existieren zahlreiche, schwer bestimmbare Bastarde. **Standort:** Die wärmeliebende Pflanze besiedelt Felsrasen, Magerweiden und Gebüschsäume. Auf sommertrockenen, zumindest oberflächlich kalkfreien Böden. **Verbreitung:** Vor allem in den Zentral- und Südalpen bis über 2000 m Höhe. Vogesen, Südschwarzwald, Bayerischer Wald und Jura. Ansonsten durch ganz Mittel- und Südeuropa zerstreut anzutreffen.

Register